NICOLE JUST | MARTIN KINTRUP
FOTOGRAFIE: MONA BINNER

VEGAN

VOM FEINSTEN

INHALT

05 | *Vorwort*

08 | *Würzmittel und Kräuter – vegane Geschmacksbooster*

10 | *Räuchern im Topf*

12 | *Mangosenf, Tapenade & Co. – würziger Vorrat selbst gemacht*

182 | *Getränke und Menüvorschläge*

188 | *Rezeptregister*

192 | *Impressum*

18 | KALTE VORSPEISEN UND SALATE

Ravioli vom Knollensellerie, Gemüsetimbale mit Basilikumöl oder Fenchelcarpaccio: Hier geht's frisch hinein ins vegane Menüvergnügen.

56 | WARME VORSPEISEN UND SUPPEN

Oder soll der Menüauftakt lieber wohlig wärmen? Dann wählen Sie beispielsweise zwischen Jalapeño-Nocken mit grüner Salsa, Seitan-Involtini auf Safranschaum und Waldpilzessenz mit Topinamburklößchen.

94 | HAUPTGERICHTE

Süßkartoffel-Schupfnudeln mit orientalischem Sauerkraut, glasierter Tofu an Cashew-Schwarzkohl, Hirse-Satéspieße mit Smoky-Peanut-Salsa: Liest sich spannend? Schmeckt auch spannend – und gut!

146 | DESSERTS

Das Beste – weil Süße! – zum Schluss: Vorhang auf für Zitronenmousse mit Rotweinbirne, Espressocreme im Kekskörbchen und Mandelcrêpes mit Bananen!

186 | GLOSSAR*

Was Sie über Agar-Agar, Margarine oder Tempeh schon immer wissen wollten, können Sie im Glossar nachlesen. Hier finden Sie alle Zutaten erklärt, die in den Rezepten mit einem Sternchen* gekennzeichnet sind.

DIE GU-QUALITÄTS-GARANTIE

Wir möchten Ihnen mit den Informationen und Anregungen in diesem Buch das Leben erleichtern und Sie inspirieren, Neues auszuprobieren. Bei jedem unserer Bücher achten wir auf Aktualität und stellen höchste Ansprüche an Inhalt, Optik und Ausstattung. Alle Rezepte und Informationen werden von unseren Autoren gewissenhaft erstellt und von unseren Redakteuren sorgfältig ausgewählt und mehrfach geprüft. Deshalb bieten wir Ihnen eine 100 %ige Qualitätsgarantie.

Darauf können Sie sich verlassen:
Wir legen Wert darauf, dass unsere Kochbücher zuverlässig und inspirierend zugleich sind.
Wir garantieren:
- dreifach getestete Rezepte
- sicheres Gelingen durch Schritt-für-Schritt-Anleitungen und viele nützliche Tipps
- eine authentische Rezept-Fotografie

Wir möchten für Sie immer besser werden:
Sollten wir mit diesem Buch Ihre Erwartungen nicht erfüllen, lassen Sie es uns bitte wissen! Nehmen Sie einfach Kontakt zu unserem Leserservice auf. Sie erhalten von uns kostenlos einen Ratgeber zum gleichen oder einem ähnlichen Thema. Die Kontaktdaten unseres Leserservice finden Sie am Ende dieses Buches.

GRÄFE UND UNZER VERLAG
Der erste Ratgeberverlag – seit 1722.

VORWORT

Wir lieben die rein pflanzliche Küche! Weil sie unglaublich bunt und vielfältig ist und uns jeden Tag aufs Neue überrascht. Wer dabei jetzt an viel frisches Gemüse und knackigen Salat denkt, liegt natürlich richtig. Aber: Vegane Küche kann noch viel mehr, und die Bandbreite ihrer Zutaten geht über Gemüse weit hinaus. Ob Nudeln, Reis oder rote Linsen, ob Tofu, Seitan oder Tempeh: Das alles gekonnt kombiniert und spannend abgeschmeckt, und schon stehen kleine, rein pflanzliche Kunstwerke auf dem Tisch, die Lust auf mehr machen. Sie merken schon, wir reden hier nicht darüber, irgendwie satt zu werden, sondern von veganer Küche auf hohem Niveau – vom Feinsten eben.

Die pure Lust auf Genuss inspiriert uns zu immer neuen Kreationen. Wir schöpfen dabei nicht nur aus der Fülle der pflanzlichen Zutaten, sondern auch aus den unterschiedlichsten Küchen der Welt, denn vegan gekocht wird rund um den Globus, und zwar schon immer. Und so lassen wir uns von der heimischen Küche ebenso wie von mediterranen, orientalischen und asiatischen Einflüssen beflügeln.

Übrigens: »Vom Feinsten« darf auch mal schnell und unkompliziert sein, nur eines auf gar keinen Fall – langweilig. Darum kommen Pilze auch mal geräuchert daher, und deftiges Sauerkraut wird mit feiner Vanille aromatisiert.

Ob Ihnen der Sinn nach Paté-Praline auf Birnen-Ingwer-Relish, getrüffelten Rote-Bete-Röllchen mit Meerrettichreisfüllung oder Pinto-Dal mit Chili-Koriander-Kraut steht – unsere edle Gemüseküche bietet zu jeder Jahreszeit absolute Frische und spannende Kombinationen. Und apropos Kombinationen: Lassen Sie sich von den Menüvorschlägen am Endes des Buches zu einer aufregenden Reise durch die feine Welt der veganen Küche verführen! Sie lohnt sich – versprochen.

Viel Spaß beim Entdecken, Kochen und Genießen wünschen Ihnen

SERVICE

SALZIGES

Würzsalze lassen sich mit getrockneten Kräutern, Blüten oder Gewürzen leicht selbst machen. Verwenden Sie hochwertige Salzflocken (z. B. Fleur de Sel oder das graue Sel gris).

Tonkasalz können Sie ganz einfach mischen: mit 1 gehäuften EL Salzflocken und 1 Msp. frisch geriebener Tonkabohne. Besonders zu süß-säuerlichen Gemüsen wie Tomate und Paprika oder zu Wurzelgemüse passt ihr vanille-ähnliches Moschusaroma gut.

WÜRZMITTEL UND KRÄUTER
VEGANE GESCHMACKS-BOOSTER

Kala Namak Dieses indische Salz riecht und schmeckt schwefelig. Es wird eingesetzt, um eine Ei-artige Geschmacksnote zu erreichen, macht aber herzhafte Gerichte auch schön rund. Vorsichtig dosieren! Sie bekommen es online oder in gut sortierten Asienläden.

Rauchsalz (auch Hickorysalz, Smoked Salt) verleiht gerade herzhaften Tofugerichten, aber auch Suppen und Dips eine deftige Note. Achten Sie beim Kauf (im Feinkost- oder Bioladen) darauf, dass es wirklich geräuchert und nicht nur mit Aromen versetzt wurde.

Sojasauce (japanisch »Shoyu«) wird durch Fermentation von Sojabohnen und Getreide (Tamari: nur Soja) gewonnen. Helle Sorten sind milder als dunkle, aber alle eignen sich für deftige, dunkle Saucen sowie zum Würzen von Tofu und Tempeh.

KRÄUTER

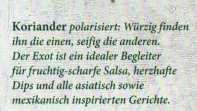

Salbei kennen wir oft nur in der gewöhnlichen Variante. Probieren Sie auch einmal fruchtigen Ananas- oder Honigmelonensalbei! Die Blätter schmecken in Salaten, Desserts und, in Eiswürfel eingefroren, in Getränken.

Koriander polarisiert: Würzig finden ihn die einen, seifig die anderen. Der Exot ist ein idealer Begleiter für fruchtig-scharfe Salsa, herzhafte Dips und alle asiatisch sowie mexikanisch inspirierten Gerichte.

Schnittlauch sollten Sie unbedingt im Garten oder Topf selbst ziehen, denn nur so kommen Sie in den Genuss der violetten Blüten, die sich im Salat, aber auch in Suppen und auf Vorspeisen sehr gut machen.

Kerbel verfeinert Kräuter-»butter« und viele Gemüsegerichte. Seine feinen Blätter verlieren schnell ihre ätherischen Öle, daher sollte Kerbel erst kurz vor dem Servieren geschnitten und zum Gericht gegeben werden.

Minze schmeckt nicht nur als Tee und in Desserts. Auch in herzhaften Gerichten, gerade orientalischen und asiatischen, setzt sie frische Akzente. Sie lässt sich gut mit Koriander und Thai-Basilikum kombinieren.

WÜRZMITTEL UND KRÄUTER

RÄUCHERN IM TOPF

Früher machte man Fleisch und Fisch haltbar, indem man beides über der Feuerstelle in den Rauch hängte. Heute, im Zeitalter der Kühlschränke, wird Geräuchertes hauptsächlich wegen des Aromas geschätzt – auch in der veganen Küche.

Gemüse, (ungegarter) Reis, Tofu, Tempeh, Nüsse, Saaten und sogar Salz lassen sich ganz wunderbar durch Rauch aromatisieren. Geräuchert setzen sie interessante Akzente in veganen Gerichten. Zum Glück lässt sich das Räuchern problemlos zu Hause bewerkstelligen, und zwar auch ohne eigenen Garten inklusive Räucherofen. Sie brauchen dazu lediglich einen Topf oder Wok mit gut schließendem Deckel.

Beim hier gezeigten Teeräuchern wird als Räuchermaterial grüner Tee verwendet – und zwar Bio-Tee, der nicht mit Pestiziden belastet ist und daher beim Erhitzen keine giftigen Dämpfe abgibt. Die moderaten Temperaturen von unter 85° C und der sparsame Einsatz des Räuchermaterials sorgen dafür, dass das Teeräuchern nicht so stark qualmt und riecht wie das traditionelle Räuchern im Ofen. Trotzdem gilt: Öffnen Sie das Fenster und schließen Sie die Türen zur restlichen Wohnung!

Für das Teeräuchern brauchen Sie:
- einen großen Topf (ca. 6–10 l), Wok oder Bräter, jeweils mit passendem Deckel
- einen Rost (z. B. den Grilleinsatz für die Mikrowelle oder ein rundes Kuchengitter)
- Alufolie
- 2–3 EL grünen Bio-Tee (z. B. Sencha)
- 2 Handvoll Räuchergut (z. B. Tofu* oder Tempeh* in Scheiben oder Würfeln, Nüsse, Pilze, Paprikaschoten in Streifen, ganze Jalapeño-Chilis)

Die Räucherzeiten betragen ungefähr:
- Champignons (ganz): 30 Min.
- Nüsse, Kerne und Saaten: 20 Min.
- Reis: 25 Min.
- Tempeh* oder fester Naturtofu* (am Stück): 45–50 Min.
- Salz: 35 Min.

TOPF UND DECKEL

Verwenden Sie einen Topf, Wok oder Bräter, in dem der Rost gut Platz hat. Achten Sie darauf, dass der Deckel gut schließt.

ALUFOLIE

Kleiden Sie den Topf vollständig mit Alufolie aus und wickeln Sie auch den Deckel damit ein.

RÄUCHERMATERIAL

Häufen Sie den Tee in der Mitte des Topfbodens auf und setzen Sie den Rost darüber.

RÄUCHERGUT

Verteilen Sie das Räuchergut auf dem Rost. Nüsse, Salz oder Reis geben Sie dazu am besten in Schälchen aus Alufolie.

RÄUCHERN

Den Topf auf höchster Stufe 3–4 Min. erhitzen, bis beim Öffnen des Deckels Räucherduft aufsteigt. Das Räuchergut bei schwächster Hitze je nach Größe 20–60 Min. räuchern, dabei den Deckel fest geschlossen halten.

MANGOSENF

60 g gelbe Senfkörner
1 Mango (ca. 350 g)
1 Schalotte | 2 Stängel Estragon
1 EL vegane Margarine*
2 EL Rohrohrzucker
1 Lorbeerblatt | 1 EL süßer Senf
Salz | 1 EL Weißweinessig

Für ca. 500 g | 35 Min. Zubereitung

1 Die Senfkörner in reichlich Wasser bei mittlerer Hitze ca. 15 Min. kochen, dann in ein feines Sieb abgießen und abtropfen lassen. Inzwischen die Mangos schälen, das≈Fruchtfleisch vom Stein und in feine Würfel schneiden. Die Schalotte schälen und sehr fein würfeln. Den Estragon waschen, trocken schütteln, die Blättchen abzupfen und fein hacken.

2 In einem Topf die Margarine erhitzen und die Schalotten darin farblos anschwitzen. Den Zucker mit 1 EL Wasser zugeben, bei schwacher Hitze schmelzen und sehr hellbraun karamellisieren. Die Mangowürfel unterrühren.

3 Vorgekochte Senfsamen, Lorbeer, süßen Senf und 1 gestrichenen TL Salz hinzufügen und die Mischung zugedeckt bei schwacher Hitze ca. 30 Min. köcheln lassen. Den Lorbeer entfernen, den Estragon unterheben und den Senf mit Salz und Weißweinessig abschmecken. In ein Glas (à 450 ml) füllen und verschließen. Der Senf hält sich mehrere Wochen im Kühlschrank.

HASELNUSS-CHILI-TOPPING

150 g Haselnusskerne
1/2 kleine Zwiebel
1 Knoblauchzehe
2 EL Hefeflocken*
1 Msp. Salz
1 kleine frische Chilischote
1 TL neutrales Pflanzenöl

Für ca. 200 g | 10 Min. Zubereitung

1 Die Haselnüsse in einer Pfanne ohne Fett anrösten und abkühlen lassen. Inzwischen Zwiebel und Knoblauch schälen und grob zerkleinern.

2 Zwiebel, Knoblauch, Haselnüsse, Hefeflocken, Gewürze und Öl im Mixer oder in der Küchenmaschine fein zermahlen. Das Topping hält sich in einem verschlossenen Glas mehrere Wochen im Kühlschrank.

VARIANTE: NUSSTOPPING

Wer mag, ersetzt die Haselnüsse durch Mandeln, Cashewnüsse oder Pekannüsse. Das Topping erinnert ein wenig an Parmesan. Sie können damit Pastagerichte und gedünstetes Gemüse bestreuen.

TAHINCREME

1 kleine Zitrone
1 kleine Orange
2 Frühlingszwiebeln
1 Knoblauchzehe
150 g Tahin (Sesammus) | Salz
schwarzer Pfeffer aus der Mühle

Für ca. 200 g | 15 Min. Zubereitung

1 Die Zitrusfrüchte auspressen. Die Frühlingszwiebeln putzen, waschen und in feine Ringe schneiden. Den Knoblauch schälen und fein würfeln. Die Mischung mit einem Pürierstab fein pürieren.

2 Das Tahin hinzufügen und auf niedrigster Stufe weiterpürieren, dabei den Pürierstab immer wieder kurz ausschalten. Sobald die Masse heller geworden ist, die Tahincreme salzen, pfeffern, in ein Glas umfüllen und verschlossen im Kühlschrank aufbewahren.

HERB ODER MILD?

Achtung: Zu langes Pürieren macht das Tahin bitter! Probieren Sie diese Creme doch auch einmal mit Cashewmus*. Das schmeckt weniger herb.
Tahincreme schmeckt als Brotaufstrich und Dip zu kräftigen Gerichten wie dem Garam-Masala-Blumenkohl (Seite 106).

DULCE DE LECHE

1 l Sojamilch* | 300 g brauner Rohrzucker (am besten Mascobadozucker)
100 ml Agavendicksaft | 1 ausgekratzte Vanilleschote | 1 gestrichener TL Salz
1 1/2 TL Agar-Agar* | 100 ml Hafersahne*

Für ca. 500 g | 2 Std. Zubereitung

1 Die Sojamilch mit Zucker, Agavendicksaft, Vanilleschote und Salz in einem weiten Topf unter Rühren aufkochen. Die Mischung zunächst ca. 40 Min. bei mittlerer Hitze köcheln (Achtung, sie kocht leicht über!), danach 30–50 Min. bei schwacher Hitze sirupartig einkochen lassen. Nach 1 Std. die Vanilleschote entfernen. Gegen Ende der Kochzeit ständig rühren. Agar-Agar und Hafersahne glatt rühren und zugeben. Den Sirup unter Rühren weitere 10 Min. köcheln, heiß in zwei saubere Gläser (à 300 ml) füllen, gut verschließen und abkühlen lassen. Er hält sich verschlossen monatelang. Die Dulce de Leche angebrochen im Kühlschrank aufbewahren.

DULCE DE LECHE VERWENDEN

Dulce de Leche schmeckt als Brotaufstrich, aber auch in Desserts.

WÜRZIGER VORRAT

TAPENADE

1 Bund Petersilie | 2 Knoblauchzehen
1 Bio-Zitrone | 100 g entsteinte
schwarze Oliven | 40 g Kapern
1 EL Agavendicksaft* | 70 ml Olivenöl
Salz | schwarzer Pfeffer aus der Mühle

Für ca. 300 g | 20 Min. Zubereitung

1 Die Petersilie waschen, trocken schütteln und die Blätter abzupfen. Den Knoblauch schälen und grob würfeln. Die Zitrone heiß waschen und trocknen, die Schale abreiben und den Saft auspressen.

2 Oliven, Kapern, Petersilie und Knoblauch im Blitzhacker grob hacken und in eine Schüssel umfüllen. Agavendicksaft, Zitronenschale und 2 EL Zitronensaft unterrühren.

3 Ein Drittel der Masse mit dem Olivenöl fein pürieren und wieder mit dem Rest mischen. Die Tapenade mit Salz und Pfeffer abschmecken, in ein sauberes Glas (à 300 ml) füllen, gut verschließen und kühl stellen. Sie hält sich im Kühlschrank ca. 1 Woche.

TAPENADE VERWENDEN

Tapenade schmeckt als mediterraner Dip oder Brotaufstrich (siehe Gebratener Zucchinisalat, S. 50). Tipp: Beim Paprika-Fenchel-Strudel (siehe S. 114) den Teig zunächst dünn mit Tapenade bestreichen, dann mit den restlichen Zutaten belegen. Oder bei der Spargel-Kartoffel-Tarte (siehe S. 110) das Pesto durch Tapenade ersetzen.

ZITRONENGRASPASTE

10 Stängel Zitronengras (Asienladen)
2 Schalotten
30 g frischer Ingwer
100 ml neutrales Pflanzenöl
50 ml Reisessig (ersatzweise Aceto balsamico bianco)
Salz

Für ca. 300 g | 25 Min. Zubereitung

1 Das Zitronengras putzen, die äußeren harten Blätter entfernen und nur die unteren 8 cm des zarten, unverholzten Innenteils verwenden. Das Zitronengras in feine Ringe schneiden. Die Schalotten und den Ingwer schälen und jeweils grob würfeln.

2 Zitronengras, Schalotten, Ingwer, Öl und Reisessig im Mixer oder mit dem Pürierstab zu einer feinen Paste pürieren und mit Salz kräftig würzen. In ein sauberes Glas (à 250 ml) mit Twist-off-Deckel füllen und kühl stellen. Die Zitronengraspaste hält sich verschlossen im Kühlschrank 1–2 Wochen.

ZITRONENGRASPASTE VERWENDEN

Zitronengraspaste gibt Falafeln (siehe Tipp S. 65) eine besondere Note und würzt Frühlingszwiebel-Pfannküchlein (siehe S. 82). Als Aromaspender in Sojaghurt gibt sie Wrap-Bites (siehe S. 40) den Frischekick. Auch zum Abschmecken von asiatischen Suppen und Currys auf Kokosbasis eignet sie sich wunderbar.

BASIS-GEMÜSEBRÜHE

350 g Möhren | 1 Stange Lauch
1/2 Staudensellerie (mit viel Grün)
1 rote Spitzpaprikaschote | 1 Fleischtomate
je 1 Bund Petersilie und Liebstöckel
70 g brauner Rohrzucker | 50 g grobes Meersalz
1 Lorbeerblatt | 1 getrocknete Chilischote
1 TL schwarze Pfefferkörner
1/2 TL Ingwerpulver
1/2 TL gemahlene Muskatblüte (Macis)

Für 300 g | 30 Min. Zubereitung
5 Std. Trocknen

1 Kräuter waschen und abzupfen, Gemüse waschen, putzen, entkernen und mit Kräuterstängeln und Selleriegrün klein schneiden. Alles portionsweise im Blitzhacker fein hacken, auf zwei Blechen mit Backpapier verteilen und im Backofen bei 80° (Umluft) ca. 4 Std. 30 Min. trocknen, dabei einen Holzlöffel in die Backofentür klemmen und das Gemüse gelegentlich durchrühren.

2 Die Bleche aus dem Ofen nehmen und das Gemüse in Küchenmaschine oder Blitzhacker fein zermahlen. Noch einmal auf die Bleche verteilen und weitere 30 Min. im Backofen trocknen. Inzwischen den Zucker in einem Topf schmelzen und leicht karamellisieren. Auf Backpapier gießen und abkühlen lassen.

3 Karamell zerbrechen und fein zermahlen. Salz mit den restlichen Gewürzen ebenfalls fein zermahlen, Gemüse und Zucker dazugeben, alles einmal zusammen durchmahlen. In ein sauberes Glas (à 300 ml) füllen. 1 TL dieser gekörnten Brühe reicht für 250 ml Flüssigkeit.

FRÜHLINGSPESTO

40 g Pinienkerne | 1 Bund Bärlauch
1 Bund Basilikum
1/2 Handvoll gemischte Frühlingskräuter
  (z. B. Gundermann, Brennnesselspitzen,
  Giersch, Löwenzahn, Sauerampfer)
1 getrocknete Chilischote | 1–2 EL Zitronensaft | 1–2 TL Agavendicksaft*
120 ml natives Rapsöl oder neutrales Öl
Salz | schwarzer Pfeffer aus der Mühle

Für 250 g | 20 Min. Zubereitung

1 Die Pinienkerne in einer Pfanne ohne Fett hellbraun anrösten und herausnehmen. Die Kräuter waschen, trocken schütteln und die Blätter grob zerkleinern. Kräuter und Pinienkerne mit Chilischote, 1 EL Zitronensaft, 1 TL Agavendicksaft und dem Öl fein pürieren. Mit Salz, Pfeffer, Agavendicksaft und Zitronensaft abschmecken. Das Pesto in ein heiß ausgespültes Glas (à 250 ml) füllen und kühl stellen. Es hält sich, verschlossen und mit Öl bedeckt, im Kühlschrank mindestens 2 Wochen.

FRÜHLINGSPESTO VERWENDEN

Das Pesto schmeckt klassisch zu Pasta, aber auch als Brotaufstrich.

WÜRZIGER VORRAT 15

KALTE VORSPEISEN UND SALATE

Ob geschichtet, gefüllt oder gewickelt, ob Mini-Lasagne von geräucherten Champignons oder Sommerrollen »Vietnam Style« – in diesem Kapitel ist nicht nur fürs Auge so einiges geboten. Fein aufeinander abgestimmte Gewürze, die spannenden Aromen frischer Kräuter plus einfache, aber beste Zutaten: Diese Rechnung geht auch geschmacklich auf, ganz gleich, für welches der folgenden Rezepte Sie sich entscheiden. Sie haben also die Qual der Wahl – dafür aber in jedem Fall einen perfekten Menü-Auftakt!

CROSTINI MIT MANDELCREME UND TRAUBEN

Diese cremig-fruchtigen Häppchen können Sie gut vorbereiten. Wenn Ihre Gäste kommen, brauchen Sie nur noch schnell das Brot zu rösten und zu belegen – fertig!

150 g ungehäutete Mandeln
1 EL neutrales Pflanzenöl (falls nötig)
Salz | 1 Prise Zucker oder
1/2 TL Agavendicksaft*
200 g kleine, kernlose Trauben
1 TL vegane Margarine*
  (ersatzweise neutrales Pflanzenöl)
1/2 Bund Schnittlauch
1 TL rosa Pfefferbeeren (Schinus)
1 Ciabatta

AUSSERDEM:

Olivenöl zum Beträufeln
Backpapier für das Blech
Salz (am besten Fleur de Sel)

Für 4 Personen
1 Std. Zubereitung
Pro Portion ca. 470 kcal

1 Für die Mandelcreme die Mandeln in einer beschichteten Pfanne ohne Öl vorsichtig anrösten, bis sie duften. Die Mandeln noch warm in einen Blitzhacker geben. Erst hacken und dann mithilfe der Pulsfunktion zu einer Paste verarbeiten, zwischendurch immer wieder 2–3 Min. ruhen lassen. Falls nötig, die Mandelpaste immer wieder von den Wänden des Blitzhackers schaben. Falls die Creme zu zäh ist, das Öl dazugeben. Die Creme mit 1 Prise Salz und Zucker oder Agavendicksaft würzen und alles noch einmal kräftig vermixen.

2 Die Weintrauben waschen, gut trocknen, von den Stielen zupfen und halbieren. Margarine oder Öl in einer Pfanne erhitzen, die Trauben zugeben und ca. 1 Min. bei mittlerer Hitze im Fett schwenken. Die Trauben herausnehmen und lauwarm abkühlen lassen. Den Schnittlauch waschen, trocken schütteln, in feine Röllchen schneiden und zusammen mit den rosa Pfefferbeeren unter die Trauben heben. Die Mischung mit Salz abschmecken.

3 Den Backofen auf 200° vorheizen. Die Ciabatta in zwölf Scheiben schneiden, mit etwas Öl beträufeln, auf ein Blech mit Backpapier legen und im Ofen (oben) in 5–6 Min. goldbraun rösten. Die Mandelcreme auf die noch warmen Scheiben streichen und die Trauben darauf verteilen. Die Crostini sofort servieren, solange sie knusprig sind.

MANDELMUS AUF VORRAT

Die Mandelcreme lässt sich ebenso verwenden wie Mandelmus* aus dem Bioladen. Diese Version ist besonders nussig, weil ungehäutete Mandeln benutzt werden. Wenn Sie die Mandeln vor dem Pürieren kurz in kochendes Wasser legen und aus den Häutchen drücken, erhalten Sie weißes Mandelmus. Einen Vorrat herzustellen lohnt sich, denn es hält sich wochenlang im Kühlschrank und kann sowohl für deftige als auch für süße Gerichte verwendet werden.

KNOBLAUCHSCONES
MIT APFEL-KAPERN-DIP

Süße Scones werden in England gern zum Tee gereicht. Bei uns kommen sie in der herzhaften Variante mit viel frischem Knoblauch auf den Tisch. Der Dip setzt mit der Süße des Apfels und der Säure der Kapern einen Kontrapunkt dazu.

FÜR DIE SCONES:
180 ml Sojamilch*
2 EL naturtrüber Apfelessig*
300 g Weizenmehl (Type 550)
2 gehäufte TL Natron
2 TL Ei-Ersatzpulver*
(ersatzweise 1 EL Sojamehl*)
1 TL Salz
4 EL neutrales Pflanzenöl
4–5 Knoblauchzehen

FÜR DEN DIP:
20 g Kapern
1/2 kleiner Apfel
100 g ungesüßter Sojaghurt* | Salz
schwarzer Pfeffer aus der Mühle

AUSSERDEM:
Backpapier für das Blech
Weizenmehl zum Verarbeiten
1 Glas oder Dessertring (7–10 cm Ø)

Für 4 Personen (6–8 Stück)
20 Min. Zubereitung
15 Min. Backen
10 Min. Ruhen
Pro Portion ca. 405 kcal

1 Die Sojamilch mit dem Apfelessig verrühren und ca. 5 Min. stehen lassen, sodass sie gerinnt. Mehl, Natron, Ei-Ersatzpulver (oder Sojamehl) und Salz mischen. Das Öl und die geronnene Sojamilch hinzufügen. Die Knoblauchzehen schälen und dazupressen. Alles mit den Knethaken des Handrührgeräts bei niedrigster Stufe vermengen, dann bei mittlerer oder hoher Stufe in 1–2 Min. zu einem glatten, leicht klebrigen Teig verkneten. Den Teig ca. 20 Min. abgedeckt im Kühlschrank ruhen lassen.

2 Den Backofen auf 250° vorheizen. Den Teig auf der leicht bemehlten Arbeitsfläche mit bemehlten Fingern ca. 3 cm dick ausbreiten, ohne ihn zu stark zu bearbeiten. Mit dem Dessertring oder Glas Kreise daraus ausstechen. Teigreste zusammendrücken und erneut ausbreiten. Insgesamt sechs bis acht Scones ausstechen und auf ein Blech mit Backpapier setzen.

3 Die Scones im heißen Backofen (Mitte) 12–15 Min. backen, bis sie oben hellbraun werden. Danach den Ofen ausschalten und die Scones im geschlossenen Ofen weitere 7–10 Min. ruhen lassen.

4 Inzwischen den Dip vorbereiten: Die Kapern grob hacken. Den Apfel schälen, das Kerngehäuse entfernen und das Fruchtfleisch fein reiben. Die Apfelraspel und die Kapern mit dem Sojaghurt vermengen. Den Dip mit Salz und Pfeffer abschmecken. Die Scones aus dem Ofen nehmen, leicht abkühlen lassen und mit dem Dip servieren.

FEINES AUS SOJAGHURT-RESTEN

Sojaghurt können Sie einfach mit etwas Agavendicksaft*, Vanille und Haferflocken als süßes Frühstück essen. Er schmeckt aber auch mit geriebener Salatgurke, Salz, gepressten Knoblauchzehen und gehacktem frischem Dill als lecker-herzhafter Zaziki-Dip.

GEGRILLTE BIRNENSPALTEN IM THYMIAN-TACO

Tacos, diese knusprigen Klassiker der Tex-Mex-Küche, lassen sich wunderbar selbst backen und nach Lust, Laune und Saison füllen. Hier steuert Hummus eine cremig-orientalische Note bei.

FÜR DEN HUMMUS:

150 g getrocknete Kichererbsen
(ersatzweise 1 Dose Kichererbsen,
ca. 240 g Abtropfgewicht)
2 Knoblauchzehen
1 Zitrone
1 EL Tahin (Sesampaste)
Salz | 40 ml Olivenöl
schwarzer Pfeffer aus der Mühle

FÜR DIE TACOS:

3–4 Zweige Thymian
200 g Weizenmehl (Type 405)
1/4 TL gemahlene Kurkuma
1/2 TL Salz
2 EL neutrales Pflanzenöl

FÜR DIE BIRNEN:

2 große, feste Birnen
1 TL neutrales Pflanzenöl

AUSSERDEM:

Weizenmehl zum Verarbeiten
50 g Feldsalat
2 EL Limettensaft

Für 4 Personen
1 Std. Zubereitung
8 Std. Einweichen
3 Std. Ziehen
Pro Portion ca. 420 kcal

1 Für den Hummus 1–2 Tage vorher die getrockneten Kichererbsen in reichlich kaltem Wasser mindestens 8 Std., besser über Nacht, einweichen. Am Vortag die Kichererbsen in reichlich ungesalzenem frischem Wasser aufkochen und bei schwacher Hitze in ca. 45 Min. weich kochen. Die Kichererbsen abgießen und abkühlen lassen. (Kichererbsen aus der Dose lediglich abgießen und abbrausen.)

2 Inzwischen den Knoblauch schälen und grob hacken. Die Zitrone auspressen. Die Kichererbsen mit Zitronensaft, Knoblauch, Tahin, Öl und Salz fein pürieren und mit Salz und Pfeffer abschmecken. Den Hummus im Kühlschrank mindestens 3 Std., am besten über Nacht, durchziehen lassen.

3 Für die Tacos den Thymian waschen und trocken schütteln. Die Blättchen fein hacken und mit Mehl, Kurkuma, Salz, Öl und 100 ml lauwarmem Wasser zu einem Teig verkneten. Den Teig zu acht Kugeln formen und ca. 10 Min. ruhen lassen. Jede Portion auf der bemehlten Arbeitsfläche 2–3 mm dünn ausrollen. Eine beschichtete Pfanne ohne Öl erhitzen. Einen Fladen bei mittlerer Hitze ca. 2 Min. backen, bis er Blasen wirft. Wenden und weitere 30 Sek. backen, herausnehmen und in ein feuchtes Tuch einschlagen. Aus dem übrigen Teig ebenso weitere sieben Fladen backen.

4 Den Backofen auf 230° vorheizen. Die Fladen über je zwei Gitterstäbe des Backrosts hängen und in ca. 10 Min. knusprig backen. Danach den Rost herausziehen und die Fladen abkühlen lassen.

5 Die Birnen waschen, halbieren und ohne Kerngehäuse in Spalten schneiden. Eine Grillpfanne mit dem Öl auspinseln, erhitzen und die Birnenspalten darin von jeder Seite ca. 1 Min. grillen.

6 Inzwischen den Feldsalat putzen, gründlich waschen und trocken schleudern. Die Tacos vorsichtig vom Rost lösen und auf Teller stellen. Mit Hummus, etwas Feldsalat und Birnenspalten belegen. Den Limettensaft darüberträufeln.

ROTWEINFEIGEN

8 reife Feigen
12 Schalotten
3 Zweige Rosmarin
4 EL Ahornsirup
300 ml trockener Rotwein
  (z. B. Rioja)
100 ml Pflaumensaft | Salz
schwarzer Pfeffer aus der Mühle
Aceto balsamico bianco

Für 4 Personen
20 Min. Zubereitung
Pro Portion ca. 170 kcal

1 Die Feigen waschen und halbieren, dabei den Stielansatz entfernen. Die Schalotten schälen. Den Rosmarin waschen und trocken tupfen.

2 In einer großen Pfanne den Ahornsirup bei mittlerer Hitze aufschäumen. Die Feigen mit der Schnittfläche nach unten und die Schalotten hineinlegen und in ca. 2 Min. leicht karamellisieren. Die Rosmarinzweige hinzufügen, die Feigen wenden, alles mit dem Rotwein ablöschen und den Pflaumensaft dazugießen. Die Mischung 1–2 Min. köcheln lassen und die Feigen herausnehmen. Den Sud in ca. 5 Min. bei starker Hitze sirupartig einkochen.

3 Die Pfanne vom Herd nehmen, die Rosmarinzweige herausnehmen und den Sirup mit Salz, Pfeffer und ein paar Tropfen Essig abschmecken. Dann die Feigen wieder dazugeben und mit dem Sirup überziehen. Feigen und Schalotten lauwarm oder kalt servieren.

MANDELTOMATEN

1 Die Tomaten waschen und trocken tupfen. Jede Tomate am Stielansatz tief einschneiden, die Öffnung leicht auseinanderdrücken und etwas Salz hineinstreuen. Jede Tomate mit 1 Mandel füllen.

2 Für die Marinade Agavendicksaft und Essig verrühren. Den Knoblauch schälen und dazupressen. Die Marinade mit Salz würzen. Die Tomaten in eine flache Schale legen, mit der Marinade übergießen und 1 Std. abgedeckt marinieren. Dabei gelegentlich umrühren.

3 Den Backofen auf 80° (Umluft) vorheizen. Die Tomaten auf ein mit Backpapier ausgelegtes Blech legen und im heißen Backofen (Mitte) 2 Std. trocknen. Dabei mit einem in die Spalte der Backofentür geklemmten Kochlöffelstiel dafür sorgen, dass der Dampf abziehen kann.

4 Die Tomaten abkühlen lassen und sofort servieren. Sie können sie aber auch heiß in ein sauberes Glas mit Twist-off-Verschluss füllen und vollständig mit Öl bedecken. So halten sie sich im Kühlschrank bis zu 1 Woche.

250 g Dattel- oder Cocktailtomaten
Salz | 50–80 g geröstete Salzmandeln
1 EL Agavendicksaft*
1 EL Aceto balsamico bianco
1 Knoblauchzehe

AUSSERDEM:
Backpapier für das Blech
ca. 200 ml neutrales Pflanzenöl

Für 4 Personen
30 Min. Zubereitung
1 Std. Marinieren
2 Std. Trocknen
Pro Portion ca. 305 kcal

KALTE VORSPEISEN UND SALATE **27**

MEDITERRANE GEMÜSETIMBALE
MIT BASILIKUMÖL

Antipasti machen sich schick: Zur Timbale geschichtet, taugen sie
als elegante Vorspeise eines Menüs. Die mediterranen Aromen der marinierten
Sommergemüsesorten bleiben trotzdem unverkennbar!

FÜR DIE TIMBALEN:

1 dünne Stange Lauch
Salz | 30 g Pinienkerne
je 12 dünne Scheiben Zucchini und
  Aubergine (je ca. 100 g; ca. 6 cm Ø)
4 dicke Scheiben rote Zwiebel
  (ca. 6 cm Ø)
6 EL Olivenöl zum Braten
  + 2 EL Olivenöl für den Sud
1–2 EL Aceto balsamico bianco
1/2 TL Agar-Agar*
1 Knoblauchzehe
schwarzer Pfeffer aus der Mühle
4 getrocknete Tomaten
  (in Öl, abgetropft)

FÜR DAS BASILIKUMÖL:

8 Basilikumblätter
1 Knoblauchzehe
50 ml Olivenöl | Salz
1 TL Aceto balsamico bianco
1–2 TL Agavendicksaft*

AUSSERDEM:

4 Timbaleförmchen (ca. 8 cm Ø,
  gerade oder leicht konisch)
Olivenöl für die Förmchen

Für 4 Personen
1 Std. Zubereitung
1 Std. Kühlen
Pro Portion ca. 400 kcal

1 Den Lauch putzen, Wurzeln und welke Enden abschneiden. Die Blätter
einzeln längs einritzen und ablösen (**Bild 1**). Jedes einmal längs und quer halbieren und waschen. Die zarten weißen Lauchblätter in kochendem Salzwasser
30 Sek. bis 1 Min. blanchieren, herausheben, abschrecken und abtropfen lassen.
Die grünen Teile ebenso ca. 2 Min. blanchieren. Alle Blätter trocken tupfen.

2 Die Pinienkerne in einer Pfanne ohne Fett hellbraun rösten. Die Zucchini-,
und Zwiebelscheiben portionsweise im Olivenöl bei mittlerer Hitze in je
2 Min. pro Seite, die Auberginen in je 5 Min. pro Seite goldbraun anbraten.

3 In einem Topf 100 ml Wasser mit 2 EL Olivenöl, 1 EL Essig und Agar-Agar
verrühren. Den Knoblauch schälen, fein würfeln und dazugeben. Die Mischung
aufkochen, vom Herd nehmen und mit Salz, Pfeffer und evtl. dem übrigen
Essig kräftig abschmecken.

4 Die Förmchen mit Olivenöl einfetten und vollständig mit den Lauchblättern
auslegen. Die Blätter an beiden Enden gleich lang überstehen lassen. Falls nötig,
mit einem Blatt horizontal die Wand auskleiden (**Bild 2**).

5 Das Gemüse einschichten, dabei jeweils mit etwas Marinade bepinseln
und die Zwischenräume mit Pinienkernen auffüllen (**Bild 3**). Die Reihen-
folge soll so aussehen: je 1 Scheibe Zucchino, Aubergine und Zwiebel, dann
Zucchino, Aubergine und getrocknete Tomate. Die letzten Zucchinischeiben
einschichten, je 1 EL Marinade darübergießen und mit Aubergine abschließen.
Die Lauchenden darüberlegen und die Timbalen mind. 1 Std. kühl stellen.

6 Inzwischen für das Basilikumöl das Basilikum waschen und trocken schütteln. Den Knoblauch schälen und würfeln. Beides mit dem Öl fein pürieren.
Die Mischung mit Salz, Essig und Agavendicksaft abschmecken.

7 Die Timbalen vorsichtig aus der Form lösen, halbieren und mit dem Basilikumöl auf Tellern anrichten (**Bild 4**).

28 KALTE VORSPEISEN UND SALATE

MINILASAGNE
VON GERÄUCHERTEN CHAMPIGNONS

Überraschung für Gourmets: Nach der Behandlung im Teerauch
zeigen sich Pilze von völlig neuen, hocharomatischen Seiten.
Wie gut, dass das Räuchern in der eigenen Küche so einfach ist!

1 kleiner Apfel
1 Schalotte
50 g gehärtetes Pflanzenfett
3 EL natives Rapsöl (ersatz-
  weise neutrales Pflanzenöl)
1 Zweig Thymian
1/2 TL Rauchsalz (siehe S. 8) | Salz
schwarzer Pfeffer aus der Mühle
2 Lasagneplatten (ca. 40 g)
60 g braune Champignons
  (30 Min. im Ganzen geräuchert,
  siehe S. 10 f.)

AUSSERDEM:
4 Blätter Basilikum
ein paar essbare Blüten (z. B. Schnitt-
  lauchblüten, Fette Henne, Wilder
  Mohn, Rapsblüten) zum Garnieren

Für 4 Personen
50 Min. Zubereitung (ohne Räuchern)
Pro Portion ca. 220 kcal

1 Den Apfel waschen, vierteln und das Kerngehäuse herausschneiden.
Die Schalotte schälen und vierteln. Apfel und Schalotte mit dem Pflanzenfett in einem Topf erhitzen und bei mittlerer Hitze in ca. 15 Min. weich garen.
Das Rapsöl hinzufügen und alles abkühlen lassen. Die Mischung mit dem
Pürierstab sämig pürieren. Den Thymian waschen und trocken schütteln,
die Blättchen abstreifen und hacken. Thymian und Rauchsalz unter die Creme
heben und mit Salz und Pfeffer abschmecken.

2 Die Lasagneplatten in reichlich Salzwasser in ca. 5 Min. oder nach Packungsanweisung bissfest kochen, abgießen und in ein feuchtes Tuch eingeschlagen
abkühlen lassen. Die Champignons würfeln. Die Basilikumblätter abspülen,
trocken tupfen und etwas kleiner zupfen. Die Lasagneplatten längs halbieren
und dann quer vierteln, sodass pro Platte acht Quadrate entstehen.

3 Auf vier Teller je ein Lasagnequadrat legen. Erst je 1/2 TL Apfelcreme, dann
je 1/2 TL gehackte Champignons daraufgeben. Darauf je ein weiteres Lasagne-
quadrat um eine Vierteldrehung versetzt legen, sodass die Ecken überstehen.
Die übrige Füllung und die restlichen Nudelplatten ebenso daraufschichten.
Auf die oberste Nudelschicht jeweils einen Klecks Apfelcreme setzen und die
Lasagnetürmchen mit wilden Blüten und Basilikum garnieren.

BRATEN STATT RÄUCHERN

*Wenn Sie die Champignons nicht räuchern möchten, können Sie sie auch hacken
und kurz anbraten. Die restliche Apfel-Schalotten-Creme hält sich ein paar Tage
im Kühlschrank und schmeckt als Brotaufstrich.*

RAVIOLI VOM KNOLLENSELLERIE
MIT SAUCE BÉARNAISE

Es muss nicht immer Teig sein: Feine Selleriescheiben umschließen in diesen Ravioli die pikante Kürbisfüllung. Die cremige Sauce mit dem feinen Estragonaroma besänftigt die durch Chili gekitzelten Geschmacksknospen.

FÜR DIE RAVIOLI:
1 kleine, feste Sellerieknolle
(ca. 300–400 g) | Salz
150 g Kürbis
   (Hokkaido oder Butternut)
1 mittelgroßer Apfel
1 EL Zitronensaft
1 sehr kleine frische rote Chilischote
1 Schalotte | 1 EL vegane Margarine*
1 gestrichener TL Zucker
frisch geriebene Muskatnuss

FÜR DIE SAUCE BÉARNAISE:
1 kleine Schalotte
2 Stängel Estragon | 2 Stängel Kerbel
150 ml trockener Weißwein
1 EL Weißweinessig
1 EL vegane Margarine*
1 TL Cashewmus*
2 EL Hefeflocken*
1/2 TL Guarkern- oder Johannis-
   brotkernmehl*
1–2 Msp. Kala Namak (siehe S. 8)
1 TL Agavendicksaft*
Salz | weißer Pfeffer

AUSSERDEM:
Dessertring (11–13 cm Ø)
3 EL frische Sprossen (z. B. Alfalfa,
   Rote Bete, Brokkoli) zum Garnieren

Für 4 Personen
1 Std. Zubereitung
Pro Portion ca. 165 kcal

1 Für die Ravioli den Sellerie putzen und schälen, dabei die Schalen aufbewahren. Den Sellerie mit einem Gemüsehobel in 20 sehr feine, 3–4 mm dünne Scheiben hobeln. Mit dem Anrichtering aus den Scheiben Kreise ausstechen (bei Bedarf mit einem kleinen Messer nachhelfen) und zugedeckt beiseitestellen.

2 Die Sellerieschalen mit 1,5 l Wasser und 1 TL Salz aufkochen und ca. 20 Min. zugedeckt bei schwacher Hitze köcheln lassen. Den Sud durch ein feines Sieb gießen und erneut aufkochen. Die Selleriescheiben hineingeben und den Topf sofort vom Herd nehmen. Die Scheiben im Sud 10–15 Min. ziehen lassen, bis sie biegsam, aber noch bissfest sind. Die Scheiben mit einer Schaumkelle herausnehmen und auf ein feuchtes Küchentuch legen.

3 Inzwischen den Kürbis waschen, entkernen und in sehr feine Würfel schneiden. Butternut schälen; Hokkaido kann ungeschält verwendet werden. Den Apfel schälen, ohne Kerngehäuse ebenfalls fein würfeln und mit dem Zitronensaft mischen. Die Chilischote putzen, längs halbieren, entkernen und waschen. Die Schalotte schälen. Beides fein würfeln.

4 Die Schalotte in der Margarine bei schwacher Hitze glasig dünsten. Kürbis und Zucker hinzugeben und bei schwacher Hitze unter Rühren ca. 3 Min. mitbraten. Apfel und Chili zugeben (wer es milder mag, verwendet weniger), alles mit 2–3 EL Selleriesud ablöschen und salzen. Die Mischung zugedeckt bei schwacher Hitze in 3–5 Min. gar dünsten und mit Muskat abschmecken.

5 Auf die Mitte jeder Selleriescheibe 1 TL Apfel-Kürbis-Füllung geben und den Sellerie zuklappen. Die Ränder leicht andrücken und die Ravioli bis zum Servieren kühl stellen.

6 Für die Sauce die Schalotte schälen und fein würfeln. Die Kräuter waschen, trocken schütteln, die Blättchen abzupfen und ein paar hübsche Spitzen zum Garnieren zurückbehalten. Den Rest zusammen sehr fein hacken. Die Hälfte der Kräuter zusammen mit Schalotte, Weißwein und Essig in einem kleinen Topf aufkochen und bei sehr schwacher Hitze ca. 5 Min. ziehen lassen.

32 KALTE VORSPEISEN UND SALATE

7 Den Kräutersud durch ein feines Sieb gießen und mit Margarine, Cashewmus, Hefeflocken, Guar- oder Johannisbrotkernmehl, Kala Namak und Agavendicksaft in einem Mixer oder mit dem Pürierstab ca. 2 Min. auf höchster Stufe mixen, bis die Sauce cremig ist. Die übrigen Kräuter zugeben und die Sauce mit Salz und Pfeffer abschmecken.

8 Die Sprossen kalt abspülen und trocken schleudern. Jeweils fünf Sellerieravioli aufrecht hintereinander auf einen Teller setzen, dazwischen die Sprossen geben. Die Sellerieravioli mit der Sauce beträufeln und mit den restlichen Kräuterspitzen garnieren.

NOCH MEHR GEMÜSERAVIOLI

Probieren Sie diese Ravioli auch mal mit Kohlrabi- oder Rote Bete-Scheiben!

SELLERIESUD AUFBEWAHREN

Der übrige Selleriesud hält sich in einem Schraubglas im Kühlschrank mehrere Wochen. Er kann zum Verfeinern von Saucen oder als Ansatz für Gemüsebrühen verwendet werden.

GEFÜLLTE AVOCADOS

50 g Tempeh* | 1 TL Pflanzenöl
1 EL Sojasauce | 1 TL Agavendicksaft*
1 mittelgroße Tomate | 1/4 Mango
(ca. 50 g) | 1 Frühlingszwiebel
1 TL Weißweinessig
Salz | schwarzer Pfeffer aus der Mühle
1/2 Zitrone | 2 reife Avocados
2–3 Stängel Koriander

AUSSERDEM:
Kugelausstecher

Für 4 Personen
15 Min. Zubereitung
Pro Portion ca. 325 kcal

1 Den Tempeh mit den Fingern zerbröseln und in einer Pfanne im Öl bei starker Hitze in ca. 3 Min. knusprig braten. Mit der Sojasauce und 1/2 TL Agavendicksaft ablöschen, alles kurz durchschwenken und vom Herd nehmen.

2 Die Mango schälen. Die Tomate waschen und halbieren. Kerne und Stielansatz entfernen. Mango- und Tomatenfruchtfleisch in 0,5 cm große Würfel schneiden. Die Frühlingszwiebel putzen, waschen und nur das Grüne in Ringe schneiden (den Rest anderweitig verwenden). Die Ringe mit Mango, Tomate und Tempeh vermengen. Die Mischung mit Essig, 1/2 TL Agavendicksaft sowie Salz und Pfeffer abschmecken.

3 Den Zitronensaft auspressen. Die Avocados halbieren, die Steine entfernen und das Fruchtfleisch bis auf einen kleinen Rand mit einem Kugelausstecher ausstechen. Das Innere der Avocados mit wenig Zitronensaft und Salz würzen.

4 Die Bällchen vorsichtig unter die Tempehmischung heben und alles mit dem restlichen Zitronensaft beträufeln. Die Tempehmischung nochmals mit Salz und Pfeffer abschmecken und in die Avocadoschälchen füllen. Den Koriander waschen, trocken schütteln, die Blättchen abzupfen und nach Belieben hacken. Die Avocadoschiffchen mit dem Koriander bestreuen und sofort servieren.

34 KALTE VORSPEISEN UND SALATE

APFEL-WEIZEN-BÄLLCHEN

1 Den Zartweizen in reichlich Salzwasser nach Packungsanweisung in ca. 15 Min. weich garen. Den fertigen Zartweizen in ein Sieb abgießen und mind. 10 Min. gut abtropfen lassen.

2 Den Apfel waschen, halbieren und ohne Kerngehäuse ungeschält fein reiben. Die Limette auspressen. Die Frühlingszwiebeln putzen, waschen und in feine Ringe schneiden. Die Chilischote putzen, längs halbieren, entkernen, waschen und fein würfeln. Alles zusammen mit dem Currypulver, dem Schwarzkümmel (falls verwendet) und der Pflanzensahne gut mit dem Weizen vermischen.

3 Den Agar-Agar zugeben. Die Mischung salzen und pfeffern und mit den Händen ca. 1 Min. kräftig kneten, bis sie deutlich fester und klebriger wird. Mit feuchten Händen daraus 12 tischtennisballgroße Bälle formen, dabei die Masse gut zusammendrücken. Die Weizenbällchen in den Kokosflocken wenden, mindestens 30 Min. kalt stellen und mit einem Dip servieren. Sie können sie aber auch am Vortag zubereiten und über Nacht kühlen. Sie werden dann schnittfest.

BEILAGENTIPP: RAÏTA

Dazu passt Raïta: 4 Stängel Minze waschen, trocken schütteln, die Blättchen abzupfen und fein hacken. 2 Frühlingszwiebeln putzen, waschen und in feine Ringe schneiden. 1 rote oder gelbe Paprikaschote oder 1 milde Peperoni putzen, entkernen, waschen und fein würfeln. Alles mit 250 g ungesüßtem Sojaghurt* verrühren und mit 1/2 TL Agavendicksaft* und Salz abschmecken.

100 g Zartweizen
Salz | 1 kleiner Apfel
1 Limette
2 Frühlingszwiebeln
1 kleine frische Chilischote
1 TL Currypulver
1 TL Schwarzkümmel (nach Belieben)
3 EL Pflanzensahne* zum Kochen
2 gehäufte TL Agar-Agar*
schwarzer Pfeffer aus der Mühle
4 EL Kokosflocken

Für 4 Personen
30 Min. Zubereitung
30 Min. Kühlen
Pro Portion ca. 200 kcal

KALTE VORSPEISEN UND SALATE

AUBERGINENRÖLLCHEN
MIT ERBSEN-MINZ-PÜREE

Hier treten Erbsen und Minze als kulinarisches Traumpaar auf, frisch wie der Frühsommer. Der Räuchertofu ergänzt eine schön deftige Note.

1 große Aubergine | Salz
400 g frische Erbsen
(ersatzweise 250 g TK-Erbsen)
1–2 Stängel Minze
50 g Räuchertofu*
2 EL Pflanzensahne* zum Kochen
oder Pflanzenmilch*
1 EL Zitronensaft
schwarzer Pfeffer aus der Mühle
2–3 EL Kokosöl* (ersatzweise
neutrales Pflanzenöl)
Sprossen (z. B. Rote-Bete-Sprossen)
zum Garnieren

Für 4 Personen
30 Min. Zubereitung
Pro Portion ca. 180 kcal

1 Die Aubergine waschen, trocken tupfen und längs halbieren. Die Hälften ohne Stielansatz längs in jeweils sechs ca. 5 mm dünne Scheiben hobeln. Die Scheiben mit Salz bestreuen und Wasser ziehen lassen.

2 Die Erbsen aus den Schoten lösen und in reichlich kochendem Salzwasser 1–2 Min. blanchieren, abgießen und in Eiswasser abschrecken. Die Minze waschen und trocken schütteln. Die Blättchen abzupfen und 4 schöne Blattspitzen zum Garnieren zurückbehalten.

3 Die Erbsen zusammen mit Minze, Räuchertofu, Pflanzensahne und Zitronensaft glatt pürieren und das Püree mit Salz und Pfeffer abschmecken.

4 Die Auberginenscheiben mit Küchenpapier abtupfen und portionsweise im Öl bei mittlerer Hitze in ca. 1 Min. pro Seite goldbraun braten. Die Scheiben auf Küchenpapier entfetten und abkühlen lassen.

5 Die Sprossen kalt abspülen und in einem Sieb gut abtropfen lassen. Jede Auberginenscheibe mit 1 EL Erbsenpüree bestreichen und von der schmalen Seite her aufrollen. Jeweils drei Auberginenröllchen auf einen Teller stellen und in die Mitte einen Klecks Erbsenpüree geben. Das Gericht mit Minze und Sprossen garnieren und servieren.

GETRÜFFELTE ROTE-BETE-RÖLLCHEN
MIT MEERRETTICHREISFÜLLUNG

Nicht nur die spannende Kombination von milden und kräftigen
Aromen macht diese Vorspeise zu etwas ganz Besonderem:
Auch die Farben lassen gute Laune aufkommen.

1 Zwiebel
1/2 Stange Lauch
300 ml Gemüsebrühe (siehe S. 15)
1 EL neutrales Pflanzenöl
100 g Risottoreis (z. B. Arborio)
2–3 EL trockener Weißwein
1–2 TL Meerrettich (aus dem Glas)
1 TL Agavendicksaft*
1–2 TL Aceto balsamico bianco
Salz | schwarzer Pfeffer aus der Mühle
1 große Rote Bete
1 Bund Basilikum
4 EL Trüffelöl*
Fleur de Sel
1–2 TL Schwarzkümmel
   (türkisches Lebensmittelgeschäft)

Für 4 Personen
50 Min. Zubereitung
Pro Portion ca. 255 kcal

1 Für die Reisfüllung die Zwiebel schälen und fein würfeln. Den Lauch von
Wurzelansatz und welken Blättern befreien, längs halbieren, waschen, klein
schneiden und abtropfen lassen. Die Gemüsebrühe in einem Topf erhitzen und
knapp unter dem Siedepunkt halten.

2 Das Öl in einem zweiten Topf erhitzen. Die Zwiebel darin bei mittlerer
Hitze ca. 3 Min. anschwitzen. Den Lauch dazugeben und kurz mitschwitzen.
Den Reis zufügen, kurz glasig braten, dann alles mit dem Wein ablöschen.
Ca. 100 ml Brühe angießen und den Reis unter Rühren bei schwacher bis mittlerer Hitze köcheln lassen, bis er die Flüssigkeit aufgenommen hat. Nach und
nach die restliche Brühe dazugießen und den Reis in insgesamt ca. 15 Min.
weich kochen. Zum Schluss 1 TL Meerrettich und den Agavendicksaft unterrühren. Den Reis mit Essig, Salz und Pfeffer würzen und abkühlen lassen.

3 Inzwischen die Rote Bete schälen und aus der Mitte 24 ca. 1,5 mm dicke
Scheiben schneiden (z. B. mit der Brotmaschine; den Rest der Knolle anderweitig verwenden). Die Scheiben in einem Topf mit Dämpfeinsatz portionsweise jeweils ca. 5 Min. über kochendem Wasser dämpfen und zum Trocknen
auf Küchenpapier legen.

4 Den abgekühlten Reis nach Belieben mit etwas zusätzlichem Meerrettich
abschmecken. Auf jede Rote-Bete-Scheibe 1 knappen EL Reis setzen und die
Rote Bete zusammenrollen. Die fertigen Röllchen auf die Nahtstelle legen.
Bis zu diesem Punkt lassen sich die Röllchen vorbereiten; sie können dann bis
zum Servieren abgedeckt kühl gestellt werden.

5 Das Basilikum abbrausen und trocken schütteln, die Blättchen abzupfen
und trocken tupfen. Je sechs Rote-Bete-Röllchen auf vier längliche Teller legen
und mit den Basilikumblättchen garnieren. Die Rollen mit Trüffelöl beträufeln
und mit Fleur de Sel, Pfeffer und Schwarzkümmel bestreuen. Zur Vorspeise
am besten Baguette servieren.

KALTE VORSPEISEN UND SALATE **39**

WRAP-BITES
MIT TEMPEH UND ZITRONENGRASDIP

Tempeh führt hierzulande noch ein Schattendasein – völlig zu Unrecht!
Mit feinem Geschmack und bissfester Konsistenz spielt er in der veganen
Küche ganz vorne mit. In diesen würzigen Röllchen zeigt er, was er kann.

150 g ungesüßter Sojaghurt*
3 1/2 TL Zitronengraspaste
(aus dem Glas oder selbst gemacht;
* siehe S. 14)*
3 Knoblauchzehen
Salz | 3 TL Agavendicksaft*
250 g Babyspinat
3 EL neutrales Pflanzenöl
2 EL helle Sojasauce
200 g Tempeh*
1 EL Zitronensaft
Pul biber (türkische Paprika-
* flocken; ersatzweise 1 getrocknete,*
* zerbröselte Chilischote)*
schwarzer Pfeffer aus der Mühle
250 g rote Spitzpaprikaschoten
4 weiche Weizentortillas
* (Fertigprodukt, ca. 25 cm Ø)*
je 1 Beet Kresse und Sprossen
* (z. B. Rote-Rettich-Sprossen)*

Für 4 Personen
45 Min. Zubereitung
Pro Portion ca. 345 kcal

1 Für den Zitronengrasdip den Sojaghurt mit 1 1/2 TL Zitronengraspaste verrühren. Den Knoblauch schälen und 1 Zehe dazupressen. Den Dip mit Salz und etwas Agavendicksaft abschmecken und kühl stellen.

2 Den Spinat waschen und trocken schleudern, grobe Stiele entfernen. In einer Pfanne 1 EL Öl erhitzen und den Spinat kurz darin schwenken. Die übrigen 2 Knoblauchzehen dazupressen und mit Sojasauce ablöschen. Den Spinat in eine Schüssel geben und die Pfanne säubern.

3 Den Tempeh fein zerbröseln. Die übrigen 2 EL Öl in der Pfanne erhitzen und den Tempeh darin in ca. 5 Min. rundherum knusprig braun braten. Den Tempeh mit den übrigen 2 TL Zitronengraspaste, Zitronensaft, den übrigen 2 TL Agavendicksaft und Pul biber würzen und mit Salz und Pfeffer kräftig abschmecken. Aus der Pfanne nehmen und die Pfanne erneut säubern.

4 Die Paprikaschoten längs halbieren, entkernen, waschen und fein würfeln. Die Tortillas nacheinander in der Pfanne ohne Fett erwärmen, sodass sie elastisch werden. Jeden Fladen dünn mit Zitronengrasdip bestreichen und in der Mitte quer einen Streifen Spinat, Tempeh und Paprikawürfel darauf verteilen.

5 Die Tortillas seitlich etwas über die Füllung klappen und fest einrollen. Die Rollen mit einem scharfen Messer in je sechs dicke Scheiben schneiden.

6 Auf vier länglichen Tellern je sechs Röllchen mit der Schnittfläche nach oben anordnen. Auf jedes Röllchen einen kleinen Klecks Zitronengrasdip setzen und nach Belieben mit Pul biber bestreuen. Die Sprossen abspülen und trocken schleudern oder gut abtropfen lassen. Die Kresse vom Beet schneiden und die Röllchen damit bestreuen.

SOMMERROLLEN
»VIETNAM STYLE«

Leicht und frisch – so sollte das perfekte Sommeressen aussehen. Die Vietnamesen machen's vor, indem sie kräuterwürzigen Salat in Reispapier wickeln. Die chilischarfe Sauce sorgt für pure Diplust!

FÜR DIE ROLLEN:

500 ml Rote-Bete-Saft
50 g Glasnudeln
1 Limette
1 EL brauner Zucker
2 EL helle Sojasauce
1 Knoblauchzehe
1 getrocknete Chilischote
2 EL neutrales Pflanzenöl
Salz | 2 EL Sesamsamen
150 g Möhren
je 1 Handvoll Minzeblättchen
   und Koriandergrün
1 kleine Avocado
1 Romanasalatherz
8 Reispapierblätter (22 cm Ø)

FÜR DEN DIP:

4 EL Reisessig
1 EL helle Sojasauce
2 EL brauner Zucker
2 Knoblauchzehen
4 getrocknete Chilischoten
5–6 Stängel Koriandergrün

Für 4 Personen
30 Min. Zubereitung
Pro Portion ca. 400 kcal

1 Für die Rollen den Rote-Bete-Saft in einem Topf aufkochen und vom Herd ziehen. Die Glasnudeln darin einweichen, bis sie elastisch sind. Die Nudeln in ein Sieb abgießen. (Den Saft nach Belieben auffangen und damit – statt mit Wasser – die Brühe für den Rote-Bete-Kartoffel-Topf auf S. 90 anrühren.) Die Nudeln kalt abschrecken und kräftig ausdrücken.

2 Die Limette auspressen und den Saft in einer Schüssel mit Zucker und Sojasauce verrühren. Den Knoblauch schälen und dazupressen, die Chilischote dazubröseln. Das Öl unterschlagen und die Mischung mit Salz abschmecken.

3 Den Sesam in einer Pfanne ohne Fett hellbraun anrösten und abkühlen lassen. Die Möhren schälen und mit dem Sparschäler feine Streifen abziehen. Die Kräuter waschen und trocken tupfen. Die Avocado halbieren, den Kern entfernen, die Hälften schälen und in Scheiben schneiden. Alles mit dem Limettendressing mischen und mit Salz abschmecken. Das Salatherz zerpflücken, waschen und trocken schleudern.

4 In einem großen Topf handwarmes Wasser bereitstellen. Ein Reisblatt kurz darin einweichen, bis es formbar ist. Mit einem Tuch trocken tupfen und mit 1 Salatblatt belegen (von den kleineren Blättern jeweils 2 verwenden). Ein Achtel der Möhrenmischung und der roten Nudeln in einem Streifen daraufgeben. Das Reisblatt an beiden Seiten etwas über die Füllung klappen und fest einrollen. Auf diese Weise acht Rollen formen und auf Tellern anrichten.

5 Für den Dip 100 ml Wasser mit Essig, Sojasauce und Zucker verrühren. Den Knoblauch schälen und in feine Würfel schneiden, die Chilis fein zerbröseln und beides untermischen. Den Koriander waschen und trocken tupfen, die Blätter klein zupfen und ebenfalls dazugeben. Den Dip auf vier Schälchen verteilen und zu den Sommerrollen reichen.

BEILAGE: SPITZKOHL-PAPAYA-SALAT

Dieser Salat mixt europäische und asiatische Einflüsse und macht aus den Röllchen ein leichtes Sommerhauptgericht. 250 g Spitzkohl putzen, 200 g Mairübchen schälen und alles in sehr feine Streifen schneiden. 1 kleine feste Papaya halbieren, entkernen, schälen und in dünne Scheiben schneiden. 1 Romanasalatherz zerpflücken, waschen, trocken schütteln und ebenfalls in feine Streifen schneiden. 1 Handvoll Thai-Basilikum (Asienladen) waschen und trocken schütteln. Die vorbereiteten Zutaten in einer Schüssel mischen. Für das Dressing 1 Knoblauchzehe schälen und fein würfeln. 2 getrocknete Chilischoten zerbröckeln. Beides mit 2 EL braunem Zucker, 1 EL Limettensaft und 2 EL Reisessig verrühren. 2 EL neutrales Pflanzenöl unterschlagen, mit Salz, Limettensaft und Zucker abschmecken. 50 g Erdnusskerne grob hacken. 1 Zwiebel schälen, halbieren und in feine Streifen schneiden. 2 cm hoch neutrales Pflanzenöl in einer Pfanne erhitzen. Die Zwiebeln in etwas Mehl wenden und im heißen Öl goldbraun ausbacken. Herausnehmen und auf Küchenpapier entfetten. Den Salat mit dem Dressing mischen und auf Teller verteilen. Mit den Erdnüssen und den Röstzwiebeln bestreuen und servieren.

KALTE VORSPEISEN UND SALATE

TEMAKI-SUSHI MIT »KAVIAR« UND WASABI-TOFU

Nigiri und Maki sind Sushi-Liebhabern schon lange ein Begriff. Temaki aber, die üppig gefüllten, handgerollten Sushi-Spitztüten, warten noch auf den großen Durchbruch. Mit diesem Rezept kommen sie ihm ein Stück näher.

1 Bio-Zitrone
2 TL Wasabipaste (Fertigprodukt)
1 EL neutrales Pflanzenöl
Salz | 2 TL Agavendicksaft*
200 g fester Naturtofu*
2 EL Tapiokaperlen (Asienladen)
1 EL helle Sojasauce
1 Prise Ingwerpulver
200 g Sushireis
3 EL Reisessig
2 TL Zucker
2 EL Sesamsamen
1 kleine rote Spitzpaprikaschote (ca. 80 g)
100 g Rettich (ersatz-weise Mairübchen)
12 Scheiben eingelegter Ingwer (Gari; im Asienladen fertig gekauft oder selbst gemacht, siehe Tipp S. 46)
6 Noriblätter (Asienladen oder Asienregal des Supermarkts)
1 Beet Sprossen (z. B. rote Rettichsprossen)

Für 4 Personen
1 Std. Zubereitung
2 Std. Marinieren
Pro Portion ca. 345 kcal

1 Die Zitrone heiß waschen, trocknen, die Schale abreiben und den Saft auspressen. Schale und 2 EL Saft mit Wasabipaste, Öl, 1 TL Salz und Agaven-dicksaft verrühren. Den Tofu längs in zwölf Stifte schneiden und mindestens 2 Std. in der Marinade ziehen lassen.

2 Für den »Kaviar« 1 l Wasser aufkochen und die Tapiokaperlen darin ca. 20 Min. bei mittlerer Hitze kochen. In ein Sieb abgießen, kalt abspülen und ab-tropfen lassen. 1 TL Zitronensaft und die Sojasauce mit 1 knappen TL Salz und Ingwerpulver verrühren. Die Marinade mit den abgetropften Tapiokaperlen mischen und den »Kaviar« beiseitestellen.

3 Inzwischen den Sushireis in einem Sieb so lange waschen, bis das ablau-fende Wasser klar bleibt. Den Reis abtropfen lassen, dann mit 250 ml Wasser aufkochen und 2 Min. kochen. 5 Min. bei schwächster Hitze weiterköcheln und anschließend 10 Min. auf der ausgeschalteten Herdplatte ziehen lassen, dabei ein Tuch unter den Deckel klemmen.

4 2 EL Essig erwärmen, Zucker und 1 knappen TL Salz darin auflösen. Den Reis auf einem großen Teller ausbreiten, mit der Essigmischung beträufeln und unter Rühren befächeln (**Bild 1**). Den übrigen EL Essig mit 2 EL Wasser verrühren. Den Sesam ohne Fett hellbraun anrösten. Paprika putzen und waschen; Rettich schälen. Beides in schmale Streifen schneiden. Ingwer abtropfen lassen.

5 Die Noriblätter halbieren. Ein Blatt mit der matten Seite nach oben quer bereitlegen. Mit angefeuchteten Händen die rechte Hälfte des Blatts knapp 1 cm dick Reis bedecken und mit Sesam bestreuen. Diagonal zunächst 1 Scheibe Ingwer, dann etwas Tofu, Paprika und Rettich darauflegen (**Bild 2**), sodass rechts unten ein nur mit Reis bedecktes Dreieck bleibt. Dieses Dreieck diagonal über die Füllung klappen. Die linke Hälfte des Noriblatts dünn mit Essigwasser bepinseln und die Sushitüte vorsichtig aufrollen (**Bild 3**). Auf diese Weise zwölf Tüten formen und auf jede 1 TL Tapioka-»Kaviar« setzen. Die Sprossen vom Beet schneiden und die Sushi damit garnieren (**Bild 4**).

1

2

3

4

HIRSE-SUSHI
MIT AVOCADO UND GURKE

Es muss nicht immer Reis sein! Hirse hat einen nussigeren Geschmack und mehr Biss, was gut zur Cremigkeit der Avocado passt. Diese Sushi-Neuinterpretation zeigt, dass das Thema Sushi noch längst nicht ausgereizt ist.

120 g Hirse | Salz
1 EL Reisessig
1 TL Agavendicksaft*
1/2 Avocado
1 EL Zitronensaft
50 g Salatgurke
4 Stängel Koriandergrün
2 große Noriblätter (Asienladen
oder Asienregal des Supermarkts)
1 EL vegane Mayonnaise
(Fertigprodukt oder selbst gemacht,
siehe Tipp S. 66)
schwarzer Pfeffer aus der Mühle

AUSSERDEM:
1 Sushi-Rollmatte
Sprossen zum Bestreuen
Sojasauce zum Dippen
eingelegter Ingwer (Gari) zum
Servieren (im Asienladen fertig
gekauft oder selbst gemacht,
siehe Tipp)

Für 4 Personen
1 Std. Zubereitung
Pro Portion ca. 190 kcal

1 Die Hirse in einem Sieb heiß abwaschen und mit 250 ml Wasser und 1 Prise Salz aufkochen. 5 Min. kochen, vom Herd ziehen und zugedeckt ca. 20 Min. quellen lassen, abgießen und abkühlen lassen. Reisessig und Agavendicksaft verrühren und untermischen. Die Hirse mit Salz abschmecken.

2 Die Avocado schälen, in feine Streifen schneiden und mit dem Zitronensaft beträufeln. Die Gurke waschen, die Samen herauskratzen und die Gurke in feine Streifen schneiden. Den Koriander waschen und trocken schütteln, die Blätter abzupfen und fein schneiden.

3 Die Noriblätter quer halbieren. Jeweils 1 Blatthälfte mit der glänzenden Seite nach unten so auf die Bambusmatte legen, dass die längere Seite des Blatts mit der Unterkante der Matte abschließt. Mit feuchten Händen 1 EL Hirse auf dem Noriblatt verteilen, dabei oben einen 1 cm breiten Rand lassen.

4 Die Hirse mit wenig Mayonnaise bestreichen, in die Mitte quer Gurken- und Avocadostücke als Streifen legen, mit Koriander und Pfeffer bestreuen und das Noriblatt mit Füllung von unten nach oben mithilfe der Rollmatte aufrollen. Auf diese Weise vier Hiserollen herstellen.

5 Die Sprossen vom Beet schneiden. Die Rollen in je sechs Stücke schneiden, mit den Sprossen garnieren und mit Sojasauce und Gari servieren.

GARI SELBST MACHEN

Gari, den eingelegten Ingwer zum Sushi, können Sie einfach selbst machen: Dazu 100 g frischen Ingwer schälen und längs in hauchdünne Scheiben schneiden. Die Scheiben in einer Schüssel mit 1 1/2 TL Salz vorsichtig weich kneten, dann in reichlich Wasser 1 Min. sprudelnd kochen, abgießen und abtropfen lassen. 50 ml Reisessig, 1 EL Zucker und 1/2 TL Salz verrühren. Die Marinade mit dem Ingwer mischen und über Nacht im Kühlschrank ziehen lassen. Gari hält sich gekühlt einige Wochen.

CHAMPIGNON-CEVICHE

1 rote Zwiebel | 2 Knoblauchzehen
1 Zitrone | 1 Limette
2 EL Aceto balsamico bianco
2 EL neutrales Pflanzenöl | Pul biber
Salz | schwarzer Pfeffer aus der Mühle
200 g braune Champignons
5 Cocktailtomaten (möglichst bunte)
1 kleine rote Spitzpaprikaschote
1/2 Bund Koriandergrün
Agavendicksaft*

Für 4 Personen
20 Min. Zubereitung
1 Std. Marinieren
Pro Portion ca. 70 kcal

1 Die Zwiebel schälen, halbieren und in Streifen schneiden. Den Knoblauch schälen und in Scheiben schneiden. Zitrone und Limette auspressen. Den Saft mit Essig und Öl verrühren. Zwiebel, Knoblauch und 1 Prise Pul biber untermischen und mit Salz und Pfeffer würzen. Die Pilze putzen, trocken abreiben und in Scheiben schneiden. Die Pilzscheiben mit der Marinade mischen und 1 Std. durchziehen lassen.

2 Die Tomaten waschen und vierteln. Die Paprikaschote längs halbieren, entkernen, waschen und in feine Würfel schneiden. Den Koriander waschen, trocken schütteln und die Blätter abzupfen. Einige Korianderblätter beiseitelegen und die restlichen grob hacken.

3 Die Marinade von den Pilzen abgießen und Tomaten, Paprika und Koriander mit den Pilzen mischen. Die Ceviche mit Salz, Pfeffer und Agavendicksaft abschmecken. Zum Servieren mit dem Koriander garnieren.

HÜBSCH SERVIERT: TORTILLAKÖRBCHEN

In einem Topf 8 cm hoch Fett auf ca. 150° erhitzen. Die erste von insgesamt 4 weichen Weizentortillas (ca. 25 cm Ø) ins Öl geben und mit einem Frittierlöffel oder einem Fondue-Drahtkörbchen in der Mitte nach unten drücken, sodass sich die Ränder nach oben biegen. Die Tortilla goldbraun frittieren. Die fertigen Körbchen herausnehmen und auf Küchenpapier entfetten. Die anderen Tortillas ebenso frittieren und abtropfen lassen. Die Ceviche hineingeben und servieren.

48 KALTE VORSPEISEN UND SALATE

FENCHELCARPACCIO MIT GRANATAPFEL

1 Für die Marinade die Zitrone auspressen. Den Saft mit Ahornsirup und Öl verrühren und die Marinade mit Salz und Pfeffer würzen. Den Fenchel waschen, putzen und in sehr dünne Scheiben schneiden. Mit der Marinade mischen und ca. 10 Min. durchziehen lassen.

2 Inzwischen den Granatapfel halbieren, die Hälften umstülpen, die Kerne herauslösen und dabei die weiße Innenhaut entfernen. Die Minze waschen, trocken schütteln und die Blätter abzupfen. Die Sesamsamen in einer beschichteten Pfanne ohne Fett hellbraun anrösten.

3 Die Ciabattabrötchen in sehr dünne Scheiben schneiden. Reichlich Öl in der Pfanne erhitzen und die Brotscheiben darin portionsweise goldbraun ausbacken, herausheben und auf Küchenpapier entfetten.

4 Die Fenchelscheiben aus der Marinade heben und mit den Minzeblättern kreisförmig auf vier Tellern auslegen. Granatapfelkerne und Sesam darüberstreuen. In der Mitte je ein Häufchen frittierte Brotscheiben anrichten. Alles mit der Fenchelmarinade beträufeln und etwas Pfeffer grob darübermahlen. Die Kresse, falls verwendet, vom Beet schneiden, etwas davon auf das Brot setzen und ein paar Blättchen auf dem Fenchel verteilen.

GEMÜSEVARIATIONEN

Auch andere Gemüsesorten lassen sich auf diese Weise zu einem Carpaccio verarbeiten: Probieren Sie beispielsweise Rettich, Radieschen, Mairübchen oder Kohlrabi! Im Winter ist Knollensellerie besonders aromatisch.

1 Zitrone
1 EL Ahornsirup
5 EL natives Rapsöl
   (ersatzweise neutrales Pflanzenöl)
Salz | schwarzer Pfeffer aus der Mühle
2 Fenchelknollen
1 Granatapfel
3 Stängel Minze
3 EL Sesamsamen
2 Ciabattabrötchen

AUSSERDEM:
neutrales Pflanzenöl zum Ausbacken
1 Beet Kresse zum Garnieren
   (nach Belieben)

Für 4 Personen
30 Min. Zubereitung
Pro Portion ca. 300 kcal

KALTE VORSPEISEN UND SALATE

GEBRATENER ZUCCHINISALAT
MIT CRANBERRYS UND NÜSSEN

Der kurze Schwenk durch die Pfanne lässt die Gemüsearomen dieses süß-herben Salats besonders deutlich hervortreten. Das Schnittlauchbaguette bildet den würzigen Kontrapunkt.

1 TL rosa Pfefferbeeren (Schinus)
1/2 Bund Schnittlauch
125 g weiche vegane Margarine*
1 Knoblauchzehe
1 TL körniger Senf
1 1/2 EL Ahornsirup | Salz
schwarzer Pfeffer aus der Mühle
400 g Zucchini
1 Radicchio
2 Romanasalatherzen
1/2 Baguette
6 EL Olivenöl
50 g getrocknete Cranberrys
50 g Pekannusskerne
4–6 EL Aceto balsamico

AUSSERDEM:
Backpapier für den Rost

Für 4 Personen
30 Min. Zubereitung
Pro Portion ca. 620 kcal

1 Die Pfefferbeeren grob zermörsern. Den Schnittlauch waschen, trocken schütteln und in feine Röllchen schneiden. Beides mit der Margarine verrühren. Den Knoblauch schälen und dazupressen. Die Schnittlauchcreme mit Senf, 1/2 EL Ahornsirup, Salz und Pfeffer würzen.

2 Die Zucchini waschen, putzen, längs halbieren und in Scheiben schneiden. Radicchio und Salatherzen in die einzelnen Blätter teilen, waschen, trocken schleudern und die Blätter nach Belieben etwas klein zupfen.

3 Den Backofen auf 200° vorheizen. Das Baguette in Scheiben schneiden und auf dem mit Backpapier ausgelegten Rost verteilen. Die Scheiben mit der Schnittlauchcreme bestreichen und im Backofen ca. 5 Min. backen.

4 In einer großen Pfanne 2 EL Olivenöl erhitzen. Die Zucchinischeiben darin in 2–3 Min. bei mittlerer Hitze rundherum anbraten. Cranberrys, Pekannüsse und den übrigen EL Ahornsirup dazugeben und kurz karamellisieren. Die Salatblätter dazugeben und kurz mitbraten, sodass die Blätter noch knackig sind. Alles mit Salz würzen und mit dem Essig ablöschen.

5 Den Salat auf Teller verteilen, mit Salz und grob gemahlenem Pfeffer bestreuen und mit dem restlichen Olivenöl beträufeln. Die gerösteten Baguettescheiben zum Salat reichen.

WANDELBARES BAGUETTE
Das Brot schmeckt auch mit Tapenade oder Frühlingspesto (siehe S. 14 bzw. 15) statt Schnittlauchcreme.

BLATTSALAT MIT GEBRATENEM SPARGEL UND RHABARBERDRESSING

Wenn lange Wintermonate die Sehnsucht nach Licht und Wärme haben wachsen lassen, kommt dieser Salat gerade recht, um die Ankunft des Frühlings zu feiern! Und zwar mit dem Besten, was die Jahreszeit zu bieten hat.

FÜR DAS DRESSING:
1 dicke Rhabarberstange (ca. 80 g)
1 TL Rohrohrzucker
    (plus Zucker zum Abschmecken)
2 EL Orangensaft
1 EL süßer Senf
5 EL natives Pflanzenöl
    (z. B. Oliven- oder Rapsöl)
Salz

FÜR DEN SALAT:
500 g weißer oder grüner Spargel
Salz
1 TL Kokosöl* (ersatzweise
    1–2 TL neutrales Pflanzenöl)
1/2 Eichblattsalat

Für 4 Personen
30 Min. Zubereitung
Pro Portion ca. 155 kcal

1 Für das Dressing den Rhabarber putzen, waschen, falls nötig abfädeln und in 1 cm dicke Scheiben schneiden. Den Zucker in einem Topf schmelzen und ganz leicht karamellisieren. Den Rhabarber hinzufügen, mit dem Orangensaft ablöschen und unter Rühren 2–3 Min. bei mittlerer Hitze dünsten. Senf und Öl untermischen, das Dressing mit Salz und falls nötig weiterem Zucker abschmecken und abkühlen lassen.

2 Für den Salat den Spargel schälen (grünen Spargel nur im unteren Drittel) und die holzigen Enden abschneiden. Die Spargelstangen schräg in 1 cm breite Scheiben schneiden und in reichlich kochendem Salzwasser in ca. 2 Min. sehr bissfest garen. Dann in ein Sieb abgießen (grünen Spargel mit kaltem Wasser abschrecken). Die Spargelscheiben etwas abtropfen lassen und in einer Pfanne im Kokosöl bei starker Hitze 1 Min. anbraten.

3 Den Eichblattsalat in die einzelnen Blätter zerteilen, gut waschen und trocken schleudern. Die kleinen, sehr zarten Blättchen zum Garnieren beiseitelegen, die anderen in dünne Streifen schneiden.

4 Auf vier Teller jeweils mittig 2 EL Salatblätter setzen. 1 EL Rhabarberdressing und 2–3 EL Spargel daraufgeben. Zum Schluss die zurückbehaltenen Salatblättchen darüber verteilen und den Salat servieren.

GURKEN-MINZ-SORBET
MIT GERÖSTETEN PEKANNÜSSEN

**Der perfekte Zwischengang: Die Kombination von Gurke und
Minze erfrischt den Gaumen für die Fortsetzung des Menüs.
Die gerösteten Nüsse geben eine warme, sanfte Note.**

*20 g Zucker
200 g Salatgurke
2 Stängel Minze | Salz
1 TL rosa Pfefferbeeren (Schinus)
50 g Pekannusskerne*

AUSSERDEM:
*Minzeblättchen zum Garnieren
Eisportionierer*

*Für 4 Personen
15 Min. Zubereitung
12 Std. Gefrierzeit
Pro Portion ca. 115 kcal*

1 Am Vortag den Zucker mit 40 ml Wasser in einem kleinen Topf auflösen, einmal aufkochen und 1–2 Min. bei mittlerer Hitze offen köcheln lassen, bis der Sirup etwas dickflüssiger wird.

2 Die Gurke putzen, heiß abwaschen und ungeschält grob würfeln. Die Minze waschen und trocken schütteln, die Blätter abzupfen und grob schneiden. Gurke und Minze mit dem Zuckersirup und 1 Prise Salz fein pürieren, dann die rosa Pfefferbeeren unterheben.

3 Die Mischung in ein verschließbares, tiefkühlgeeignetes Gefäß geben und einfrieren. Nach 1 Std. nochmals gut durchrühren und in 12 Std. oder über Nacht vollständig gefrieren lassen.

4 Am nächsten Tag die Pekannüsse grob hacken und in einer Pfanne ohne Öl anrösten, bis sie duften. Die Minzeblättchen für die Garnitur waschen, trocken tupfen und in feine Streifen schneiden. Das Sorbet aus dem Gefrierfach nehmen, leicht antauen lassen und mit einem Eisportionierer in Schälchen oder Gläsern anrichten. Mit Nüssen und Minze garnieren und servieren.

VARIANTE: MELONEN-KORIANDER-SORBET

*Am Vortag 20 g Zucker mit 40 ml Wasser in einem kleinen Topf aufkochen und
1–2 Min. bei mittlerer Hitze köcheln lassen, bis der Sirup etwas dickflüssiger wird.
200 g Wasser- oder Honigmelone schälen, entkernen und mit dem Zuckersirup
und 1/4 TL Koriandersamen im Mixer oder mit dem Pürierstab fein pürieren.
1/4 TL geschroteten weißen Pfeffer und 1 Prise Salz unterrühren. Die Mischung
in ein verschließbares Gefriergefäß geben und einfrieren. Nach 1 Std. nochmals
gut durchrühren und in 12 Std. oder über Nacht vollständig gefrieren lassen.*

WARME VORSPEISEN UND SUPPEN

Multikulti oder Cross-over? Egal! Wir haben uns einfach von den Küchen der Welt inspirieren lassen, Mediterranes mit Asiatischem kombiniert und Klassisches mal mit ein paar Überraschungen aufgepeppt. So kommen gefüllte Champignons mit luftigem Kartoffel-Olivenöl-Schaum daher, und der Kichererbsensalat mit Blumenkohl-Tomaten-Gemüse vereint harmonisch Aromen aus Orient und Okzident. Sie sehen: Wir haben für Sie in viele, viele Kochtöpfe geschaut und einfach das Feinste herausgepickt! Übrigens, die Suppen in diesem Kapitel sind als Vorspeisen gedacht. Zu Sattmachern werden sie, wenn Sie die angegebenen Zutaten verdoppeln.

TOMATEN-LINSEN-CONFIT
MIT KICHERERBSENPLÄTZCHEN

So elegant können Hülsenfrüchte schmecken! Das Kokosöl spielt in diesem Gericht eine wichtige Rolle, denn es verleiht den Kichererbsenplätzchen ein wunderbares Aroma.

FÜR DAS TOMATEN-LINSEN-CONFIT:

*40 g Belugalinsen (ersatzweise
   Puy- oder Berglinsen)*
1/2 Fleischtomate (ca. 100 g)
1 Frühlingszwiebel
1 TL neutrales Pflanzenöl
2 EL Agavendicksaft*
1 EL Weißweinessig
1 Stück Sternanis | Salz

FÜR DIE KICHERERBSENPLÄTZCHEN:

*1 Dose Kichererbsen
   (ca. 240 g Abtropfgewicht)*
1/2 Bio-Zitrone
40 g Hartweizengrieß
1 EL Hefeflocken*
*1/2 TL gemahlener Kreuzkümmel
   (Cumin)*
1 TL getrockneter Thymian
1 TL gemahlene Kurkuma
Salz | 2 EL Kokosöl

AUSSERDEM:

1 mittelgroße Staude Chicorée
3 Stängel Minze
*rosa Pfefferbeeren (Schinus)
   zum Garnieren*

Für 4 Personen
50 Min. Zubereitung
Pro Portion ca. 200 kcal

1 Die Linsen abspülen und in reichlich Wasser bei mittlerer Hitze in 20–25 Min. weich kochen. Inzwischen die Tomate waschen, vierteln und ohne Stielansätze und Kerne 2 cm groß würfeln. Die Frühlingszwiebel putzen, waschen und die hellen Teile in feine Ringe schneiden. (Das Grün anderweitig verwenden.)

2 In einem weiten Topf die Frühlingszwiebelringe in dem Pflanzenöl in 1 Min. glasig dünsten. Die Tomatenwürfel zugeben, 30 Sek. mitbraten und das Ganze mit 150 ml Wasser ablöschen. Dann Agavendicksaft, Essig, Sternanis und Salz zufügen und alles zugedeckt bei schwacher Hitze 25 Min. köcheln lassen. Dabei hin und wieder umrühren.

3 Inzwischen für die Kichererbsenplätzchen die Kichererbsen abgießen und etwas zerdrücken – es sollen noch einige ganze Kichererbsen übrig bleiben. Die Zitrone heiß waschen und trocknen, die Schale abreiben und den Saft auspressen. Beides zusammen mit 30 g Grieß, Hefeflocken und Gewürzen unter die Kichererbsen mengen. Die Mischung mit Salz abschmecken.

4 Aus der Masse zwölf ca. 4 cm großen Plätzchen formen. Die Plätzchen im übrigen Grieß wenden, die Panade dabei leicht andrücken. In einer beschichteten Pfanne die Plätzchen portionsweise im Kokosfett bei mittlerer Hitze in ca. 2 Min. pro Seite goldbraun braten. Auf Küchenpapier entfetten.

5 Die Linsen abgießen, abtropfen lassen und mit den Tomaten mischen. Das Confit mit Salz abschmecken. Zum Anrichten die Chicoréeblätter ablösen, waschen und trocken schleudern. Die Minze waschen, trocken schütteln, die Blättchen abzupfen und in feine Streifen schneiden. Jeweils 3 Chicoréeblätter auf einen Teller legen und mit dem Tomaten-Linsen-Confit füllen. Auf jedes Chicoréeschiffchen ein Kichererbsenplätzchen setzen und das Gericht mit Minze und rosa Pfeffer garnieren.

LAUWARMER LINSENSALAT
MIT ÄPFELN UND SALBEI-GREMOLATA

Diesem lauwarmen Salat aus einfachen Zutaten verleiht die frisch-herbe Gremolata die Raffinesse. Kleine Linsensorten wie die Puy-Linsen schmecken wunderbar nussig und bleiben beim Kochen schön fest.

150 g Puy- oder Belugalinsen
1/2 Bund Salbei
1 Knoblauchzehe
1 Bio-Zitrone | Salz
2 mittelgroße, süß-säuerliche Äpfel
1 Bund Schnittlauch
2–3 EL naturtrüber Apfelessig*
2 TL Agavendicksaft*
schwarzer Pfeffer aus der Mühle
1 TL vegane Margarine*
2 EL Zucker
2 cl Calvados oder Cidre
1 Lorbeerblatt

Für 4 Personen
40 Min. Zubereitung
Pro Portion ca. 200 kcal

1 Die Linsen in einem Sieb abspülen und in reichlich Wasser bei mittlerer Hitze in 20–25 Min. weich garen.

2 Inzwischen den Salbei waschen, trocken schütteln und die Blättchen fein hacken. Den Knoblauch schälen und zum Salbei pressen. Die Zitrone heiß waschen, trocknen und die Schale am besten mit einem Zestenreißer hauchdünn abziehen. Die Zitronenzesten nach Belieben fein hacken und zusammen mit etwas Salz zum Salbei-Knoblauch-Gemisch geben. Die Zitrone auspressen und den Saft beiseitestellen.

3 Die Äpfel waschen, vierteln, ohne Kerngehäuse in Spalten schneiden und mit der Hälfte des Zitronensaftes beträufeln.

4 Die Linsen abgießen und abtropfen lassen. Den Schnittlauch waschen, trocken schütteln und in feine Ringe schneiden. In einer großen Schüssel 2 EL Essig, Agavendicksaft, den übrigen Zitronensaft und Schnittlauch verrühren und mit Salz und Pfeffer würzen. Die Linsen unterheben.

5 In einem weiten Topf die Margarine mit dem Zucker bei mittlerer Hitze schmelzen und goldgelb karamellisieren. Die Äpfel zugeben, mit Calvados oder Cidre ablöschen und durchschwenken. Das Lorbeerblatt zufügen und die Äpfel zugedeckt bei schwächster Hitze 2–3 Min. ziehen lassen, dabei hin und wieder schwenken.

6 Den Linsensalat nochmals mit Apfelessig und Salz abschmecken und zusammen mit den karamellisierten Äpfeln auf Tellern anrichten. Das Gericht mit der Gremolata und schwarzem Pfeffer bestreuen.

WARMER KICHERERBSENSALAT
MIT BLUMENKOHL-TOMATEN-GEMÜSE

Vegane Küche ohne Kichererbsen? Kaum denkbar. Denn aus den eiweißreichen Hülsenfrüchten lassen sich nicht nur würzige Suppen und knusprige Falafel zaubern, sondern auch orientalisch angehauchte Salate wie dieser.

FÜR DAS GEMÜSE:
1 Handvoll Petersilie
2 Knoblauchzehen
2–3 EL Aceto balsamico bianco
6 EL Olivenöl | Salz
schwarzer Pfeffer aus der Mühle
300 g Blumenkohl
250 g Cocktailtomaten
50 g Pinienkerne

FÜR DEN SALAT:
150 g Fenchel
1 Dose Kichererbsen
   (ca. 240 g Abtropfgewicht)
1 rote Zwiebel
2 EL Olivenöl
2 TL Agavendicksaft*
2 EL getrocknete Berberitzen
   (ersatzweise getrocknete,
   gehackte Cranberrys)
2 EL Aceto balsamico bianco
1 TL Ras el-Hanout (Orientgeschäft)
Salz | schwarzer Pfeffer aus der Mühle

AUSSERDEM:
Sesamsamen oder Schwarzkümmel
   zum Bestreuen

Für 4 Personen
50 Min. Zubereitung
Pro Portion ca. 365 kcal

1 Für das Gemüse die Petersilie waschen, trocken schütteln und die Blätter abzupfen. Knoblauch schälen und grob würfeln. Beides mit 2 EL Essig und 5 EL Olivenöl pürieren, mit Salz und Pfeffer würzen. Den Blumenkohl putzen, waschen und in kleine Röschen teilen. Die Röschen in einem Topf mit Dämpfeinsatz über kochendem Wasser in ca. 4 Min. bissfest dämpfen, in ein Sieb abgießen, abschrecken und abtropfen lassen.

2 Die Tomaten waschen. Den übrigen EL Olivenöl in einer Pfanne erhitzen und die Tomaten darin 3–4 Min. bei mittlerer Hitze anbraten. Blumenkohl und Pinienkerne dazugeben und kurz mitbraten. Das Petersilienöl zufügen, alles kurz durchschwenken und mit Salz, Pfeffer und ggf. Essig abschmecken.

3 Für den Salat den Fenchel waschen, putzen, klein schneiden und in einem Topf mit Dämpfeinsatz über kochendem Wasser in ca. 5 Min. bissfest dämpfen. In ein Sieb abgießen, abschrecken und abtropfen lassen. Die Kichererbsen in ein Sieb abgießen, abspülen und abtropfen lassen. Die Zwiebel schälen, halbieren und in feine Streifen schneiden.

4 Das Olivenöl in einer Pfanne erhitzen. Zwiebel und Fenchel darin 3–4 Min. bei mittlerer Hitze anbraten, die Kichererbsen dazugeben und 2 Min. mitbraten. Den Agavendicksaft zufügen und etwas karamellisieren. Die Berberitzen unterrühren und das Gemüse mit Essig ablöschen. Das Ras el-Hanout zufügen und alles einmal kurz in der Pfanne schwenken. Den Salat salzen und pfeffern.

5 Den Kichererbsensalat auf Tellern anrichten. Das Gemüse aus der Marinade heben, darauf verteilen und etwas von der Gemüsemarinade angießen. Nach Belieben mit Sesam oder Schwarzkümmel bestreuen und noch warm servieren. Dazu passt geröstetes Fladenbrot.

HIRSETALER MIT SPINAT
UND TOMATEN-ORANGEN-SAUCE

Willkommen in der Welt der Gewürze! Die herzhaften Hirsetaler treffen hier auf Tomaten, die mit Vanille, Chili und Ingwer gewürzt wurden. Sahniger Orangenspinat schafft die sanfte Verbindung auf dem Teller.

150 g Hirse | Salz
2 EL Sojamehl*
250 ml Orangensaft
1 TL scharfer Senf
1 TL getrockneter Thymian
250 g Cocktailtomaten
4 Schalotten
20 g frischer Ingwer
8 EL neutrales Pflanzenöl
1 getrocknete Chilischote
1/3 ausgekratzte Vanilleschote
250 g junger Spinat (ersatzweise
  TK-Blattspinat, aufgetaut)
70 ml Hafersahne*
1 TL Speisestärke
1–2 EL Aceto balsamico bianco
Cayennepfeffer
schwarzer Pfeffer aus der Mühle

Für 4 Personen
50 Min. Zubereitung
Pro Portion ca. 425 kcal

1 Die Hirse mit 400 ml Wasser zum Kochen bringen. Bei mittlerer Hitze zunächst im geschlossenem Topf 5 Min. kochen, dann salzen und offen 10–15 Min. weiterkochen, bis das gesamte Wasser verdampft ist. Sojamehl, 50 ml Orangensaft, Senf und Thymian untermischen und die Hirse zugedeckt bis zur Verwendung ziehen lassen.

2 Die Tomaten waschen und halbieren. Die Schalotten schälen und würfeln. Den Ingwer schälen. Die Hälfte in Scheiben schneiden, den Rest fein würfeln. In einer Pfanne 1 EL Öl erhitzen. Die Tomaten darin rundherum bei mittlerer Hitze 4–5 Min. anbraten und wieder herausnehmen.

3 Die Hälfte der Schalottenwürfel, Chilischote, Ingwerscheiben und Vanilleschote in die Pfanne geben und kurz andünsten. 150 ml Orangensaft angießen und in 3–4 Min. etwas einkochen. Die Sauce durch ein Sieb gießen und zurück in die Pfanne geben. Die Tomaten in die Sauce geben, alles mit Salz abschmecken und zugedeckt warm halten.

4 Den Spinat gründlich waschen und trocken schleudern, grobe Stiele entfernen (TK-Spinat abtropfen lassen). Den übrigen Orangensaft mit Hafersahne und Speisestärke verrühren. Die restlichen Schalottenwürfel mit den Ingwerwürfeln in 1 EL Öl in einem Topf 3 Min. andünsten.

5 Den Spinat zu den Ingwer-Schalotten geben, bei geschlossenem Deckel zusammenfallen lassen und salzen. Die Orangensahne unterrühren und etwas einkochen. 1 EL Essig einrühren, den Spinat mit Salz, Essig und Cayennepfeffer abschmecken und zugedeckt warm halten.

6 Die Hirsemasse mit Salz und Pfeffer abschmecken und daraus zwölf Taler formen. 2 EL Öl in einer Pfanne erhitzen. Die Hälfte der Taler in 3–4 Min. sehr knusprig anbraten, wenden, 1 weiteren EL Öl zugeben und die andere Seite ebenfalls in 3–4 Min. knusprig braten. Fertige Taler auf Küchenpapier entfetten und die übrigen ebenso braten. Je drei Hirsetaler mit Spinat und Tomaten mit Sauce anrichten und sofort servieren.

VARIANTE: ZITRONENGRAS-FALAFEL

Zu diesem Gericht passen statt der Hirsetaler auch hervorragend knusprig frittierte Zitronengras-Falafel. Dafür 150 g getrocknete Kichererbsen über Nacht in ausreichend Wasser einweichen. Am nächsten Tag 4 Knoblauchzehen schälen und grob hacken. Die Kichererbsen in ein Sieb abgießen und abtropfen lassen. Beides in einer Schüssel mit 1 EL Reisessig, 1 EL Limettensaft, 2 EL heller Sojasauce, 1 EL Agavendicksaft*, 3 EL Weizenmehl, 2 EL Sojamehl*, 1 TL Ingwerpulver, 1 TL gemahlener Kurkuma, 1 Prise Pul biber (türkische Paprikaflocken) und 1 1/2 EL Zitronengraspaste (siehe S. 14) mischen und mit einem leistungsfähigen Pürierstab oder im Mixer fein pürieren. Die Masse mit Salz abschmecken. In einem Topf 8 cm hoch neutrales Pflanzenöl erhitzen, bis an einem hineingehaltenen Holzstäbchen sofort kleine Bläschen aufsteigen. Aus der Masse zwölf etwas längliche, abgeflachte Falafel formen und im heißen Öl in zwei bis drei Portionen goldbraun frittieren. Die fertigen Falafel auf Küchenpapier entfetten und wie beschrieben anrichten.

WARME VORSPEISEN UND SUPPEN

GEWÜRZPOLENTA-ECKEN MIT KÜRBISMAYONNAISE

Orientalisch gewürzt und knusprig gebraten, hat Polenta keinerlei Ähnlichkeit mehr mit einem Arme-Leute-Gericht. Und stundenlanges Rühren ist zum Glück auch nicht mehr nötig!

150 g Kürbis (Hokkaido oder Butternut) | Salz
250 ml Pflanzenmilch*
(z. B. Soja-, Reis- oder Hafermilch)
1 TL Ras-el Hanout
1 Knoblauchzehe
100 g Schnellkoch-Polenta
5 Stängel glatte Petersilie
1 Zweig Thymian
250 g vegane Mayonnaise
(Fertigprodukt oder selbst gemacht, siehe Tipp)
schwarzer Pfeffer aus der Mühle
2 EL Pflanzenöl

AUSSERDEM:
quadratische Form (ca. 15 × 15 cm)
1 TL neutrales Pflanzenöl für die Form

Für 4 Personen
1 Std. Zubereitung
Pro Portion ca. 475 kcal

1 Den Kürbis waschen und entkernen. Butternut schälen; Hokkaido kann ungeschält verwendet werden. Den Kürbis klein würfeln, in einem Topf knapp mit Salzwasser bedecken und bei mittlerer Hitze zugedeckt in ca. 10 Min. weich kochen. Abgießen, ausdampfen lassen, mit einem Kartoffelstampfer fein zerdrücken und abkühlen lassen.

2 Inzwischen die Pflanzenmilch mit 250 ml Wasser, Salz und Ras-el Hanout in einen Topf geben. Den Knoblauch schälen und dazupressen. Alles zum Kochen bringen. Die Polenta einrieseln lassen, unter Rühren bei schwacher Hitze 1 Min. köcheln, vom Herd nehmen und zugedeckt ca. 10 Min. quellen lassen. Die Form ölen. Die Polenta mit Salz und Pfeffer abschmecken, in die Form füllen, glatt streichen, abkühlen lassen und kalt stellen.

3 Inzwischen die Kräuter waschen und trocken schütteln Einige Blättchen beiseitelegen, den Rest fein hacken. Die Kräuter und das abgekühlte Kürbispüree unter die Mayonnaise rühren und den Dip mit Salz und Pfeffer abschmecken. Die Polenta in der Form in acht Ecken schneiden und vorsichtig herausheben. Das Öl in einer beschichteten Pfanne erhitzen und die Ecken darin bei mittlerer Hitze in ca. 1 Min. pro Seite knusprig braten. Die Ecken mit der Kürbismayonnaise servieren und mit einigen Kräuterspitzen garnieren.

GRUNDREZEPT: VEGANE MAYONNAISE

Für ca. 250 g Mayonnaise 50 ml Sojamilch* in einen Mixer oder ein hohes Mixgefäß füllen. 1 EL Weißweinessig hinzufügen und die Mischung ca. 5 Min. stehen lassen, bis die Sojamilch gerinnt. Die Mischung mit dem Mixer oder Pürierstab aufmixen und bei laufendem Gerät 1 Msp. Guarkernmehl* hinzufügen. In dünnem Strahl 200–250 ml neutrales Pflanzenöl in die Sojamilchmischung gießen. Dabei ständig weitermixen, bis die Mayonnaise fest geworden ist. Die fertige Mayonnaise mit 1 TL Senf und Salz abschmecken. Sie hält sich im Kühlschrank in einem verschlossenen Gefäß ca. 2 Wochen.

JALAPEÑO-NOCKEN
MIT GRÜNER SALSA

Diese deftigen Nocken stillen den ersten Hunger, regen aber gleichzeitig durch ihre pikante Schärfe den Appetit an. Sie eignen sich auch wunderbar als Büfett-Fingerfood.

FÜR DIE SALSA:

150 g türkische Paprikaschoten
(»Sivri«; ersatzweise 1 grüne
Paprikaschote und 1 kleine
frische grüne Chilischote)
1 TL neutrales Pflanzenöl
1 Tomate
2 Frühlingszwiebeln
je 2 Stängel Koriandergrün
und glatte Petersilie
1 TL Weißweinessig
1 TL Agavendicksaft* | Salz

FÜR DIE JALAPEÑO-NOCKEN:

2 frische Jalapeño-Chilischoten
(ersatzweise andere fleischige
grüne Chili)
1 kleine grüne Paprikaschote
100 g Cashewnusskerne
1 EL Zitronensaft
2 EL Hefeflocken*
1 TL weiße Misopaste
(Bioladen; nach Belieben)
Salz | 50 g Weizenmehl

AUSSERDEM:

Backpapier für das Blech
neutrales Pflanzenöl zum Ausbacken
ein paar Salatblätter (z. B. Lollo rosso)
oder Sprossen zum Garnieren

Für 4 Personen
1 Std. Zubereitung
Pro Portion ca. 320 kcal

1 Den Backofen auf 220° vorheizen. Für die Salsa die Paprika mit dem Öl bepinseln und auf einem Backblech mit Backpapier im heißen Ofen (oben) ca. 15 Min. rösten, bis die Haut schwarz wird. (Bei Verwendung von Paprikaschote und Chili nur die Paprikaschote rösten. Die Chili putzen, entkernen, waschen und sehr klein würfeln.) Herausnehmen und zugedeckt etwas abkühlen lassen.

2 Inzwischen die Tomate waschen, halbieren, entkernen und ohne Stielansatz sehr fein würfeln. Die Frühlingszwiebeln putzen, waschen und ebenfalls fein hacken. Die Kräuter waschen und trocken schütteln, die Blätter fein schneiden. Die Paprika häuten, halbieren, entkernen und sehr klein hacken. Alle vorbereiteten Zutaten vermischen und mit Essig, Agavendicksaft und Salz würzen.

3 Für die Plätzchen die Jalapeño putzen, längs halbieren, entkernen und waschen. Die Schote in sehr dünne Streifchen schneiden. Die Paprika putzen, entkernen, waschen und fein würfeln. Die Cashewkerne mit 120 ml Wasser, Zitronensaft, Hefeflocken, Misopaste (falls verwendet) und 1/2 TL Salz im Mixer sehr fein pürieren. Mehl, Paprikawürfel und Jalapeñostreifen unterrühren, falls nötig noch Wasser zugeben. Die Masse mit Salz abschmecken.

4 In einen kleinen Topf ca. 3 cm hoch Öl erhitzen, bis an einem hineingehaltenen Holzstäbchen sofort Bläschen aufsteigen. Portionsweise mit einem Teelöffel Nocken aus der Cashewmasse ins heiße Fett geben und in ca. 1 Min. pro Seite goldbraun ausbacken. Herausnehmen und auf Küchenpapier entfetten. Auf diese Weise zwanzig kleine Nocken herstellen.

5 Für die Garnitur die Salatblättchen waschen, trocken schleudern und etwas zerpflücken. Die Sprossen abbrausen und gut abtropfen lassen. Die Nocken auf Teller verteilen und mit Sprossen oder Salat garnieren. Die Salsa dazu servieren.

MANGOLD-POLENTA-PÄCKCHEN

Bei diesen aromatischen Päckchen offenbart sich die (Geschmacks-)Überraschung nicht durchs Auspacken, sondern durchs Verspeisen.

2 Schalotten
1 Knoblauchzehe
neutrales Pflanzenöl zum Anbraten
250 ml Gemüsebrühe (siehe S. 15)
60 g Schnellkoch-Polenta
6 EL Trüffelöl* | Salz
schwarzer Pfeffer aus der Mühle
Aceto balsamico
8 große Mangoldblätter
100 g getrocknete Tomaten (in Öl)

AUSSERDEM:
Backpapier für das Blech

Für 4 Personen
55 Min. Zubereitung
Pro Portion ca. 340 kcal

1 Schalotten und Knoblauch schälen und fein würfeln. 1 EL Öl in einem Topf erhitzen, Schalotten darin andünsten, Knoblauch kurz mitdünsten. Brühe dazugießen und aufkochen. Polenta einrühren und bei schwacher Hitze einige Min. rühren, bis die Masse dickflüssig geworden ist. Dann noch einmal 100 ml Wasser dazugießen, wieder zu einer dicklichen Masse einkochen. 2 EL Trüffelöl unterrühren, mit Salz, Pfeffer und einem Schuss Essig würzen, zugedeckt beiseitestellen. Den Backofen auf 120° vorheizen.

2 Den Mangold waschen. Die Stiele am Blattgrund abschneiden und anderweitig verwenden. Dicke Blattrippen etwas flach schneiden. Die Blätter portionsweise in kochendem Salzwasser 1 Min. blanchieren. Mit einer Schaumkelle herausheben, kalt abschrecken, abtropfen lassen und gründlich trocken tupfen.

3 Die Tomaten abtropfen lassen und grob würfeln. Die Polenta gut durchrühren. Die Blätter auf der Arbeitsfläche auslegen und die Polenta mittig daraufsetzen. Die Tomaten daraufgeben. Die Blätter seitlich etwas über der Füllung einschlagen und fest aufrollen.

4 Die Päckchen auf einem mit Backpapier ausgelegten Blech im heißen Backofen (Mitte) 10 Min. erhitzen. Dann noch kurz mit etwas Öl in der Pfanne schwenken und zum Servieren mit dem restlichen Trüffelöl beträufeln. Dazu passt eine Kräuterseitling-Balsamico-Creme (siehe Tipp).

DAZU: KRÄUTERSEITLING-BALSAMICO-CREME

200 g Kräuterseitlinge putzen und in Scheiben schneiden. 2 rote Zwiebeln und 1 Knoblauchzehe schälen und fein würfeln. Pilze und Zwiebeln in 2 EL Öl anbraten. Knoblauch und 1 TL getrockneten Thymian dazugeben und kurz mitbraten. Mit 5 EL Aceto balsamico ablöschen. 250 ml Hafersahne* dazugießen und etwas einkochen. Mit Salz und Pfeffer abschmecken.

GEFÜLLTE CHAMPIGNONS
MIT KARTOFFEL-OLIVENÖL-SCHAUM

Jetzt wird's luftig: Die Sauce hat – mit der Siphonflasche aufgeschäumt – eine wunderbar leichte Konsistenz. So ruhen die fein gefüllten Pilze wie auf weichen Kissen.

500 g festkochende Kartoffeln
Salz | 150 g junger Spinat
1 Scheibe Weißbrot (ca. 25 g)
30 g Pekannusskerne
3 Knoblauchzehen
120 ml Olivenöl
3 TL getrockneter Thymian
schwarzer Pfeffer aus der Mühle
1/2–1 EL Aceto balsamico
8 große Champignons (je 50 g)
1 Schalotte
5 schwarze Pfefferkörner
abgeriebene Schale von 1 Bio-Zitrone

AUSSERDEM:
kleine Auflaufform (ca. 20 × 20 cm)
hitzebeständige Siphonflasche
  mit 2 Gaskartuschen zum
  Aufschäumen (nach Belieben)

Für 4 Personen
1 Std. Zubereitung
Pro Portion ca. 430 kcal

1 Die Kartoffeln schälen, vierteln und in leicht gesalzenem Wasser bei schwacher bis mittlerer Hitze in 15–20 Min. weich garen. Inzwischen den Spinat gründlich waschen und trocken schleudern, grobe Stiele entfernen. Die Blätter mit 2 EL Wasser in einen Topf und zugedeckt bei mittlerer Hitze zusammenfallen und etwas abkühlen lassen.

2 Den Backofen auf 200° vorheizen. Das Brot mit Rinde fein würfeln. Die Nüsse grob hacken. 1 Knoblauchzehe schälen und fein würfeln. 2 EL Olivenöl in einer Pfanne erhitzen, Brot und Nüsse darin 3–4 Min. bei mittlerer Hitze anbraten. Knoblauchwürfel und 1 TL Thymian kurz mitbraten. Die Mischung mit Salz und Pfeffer würzen.

3 Den Spinat in ein Sieb geben und kräftig ausdrücken, dann grob hacken. Die Kartoffeln abgießen und etwas ausdampfen lassen. Zwei Drittel klein würfeln und mit dem Spinat und der Brot-Nuss-Mischung verrühren. Die Masse mit Salz, Pfeffer und Essig abschmecken. Die Auflaufform mit 1 EL Olivenöl einfetten. Die Pilze putzen, trocken abreiben, die Stiele entfernen und die Hüte mit der Masse füllen. Die gefüllten Pilze in die Form setzen und im heißen Backofen (Mitte) 15 Min. garen.

4 Für den Schaum die Schalotte und die übrigen 2 Knoblauchzehen schälen und fein würfeln. Die Pfefferkörner mit dem Stößel im Mörser andrücken. Alles mit 150 ml Wasser und dem übrigen Thymian aufkochen, vom Herd ziehen, die Zitronenschale dazugeben und 5 Min. ziehen lassen.

5 Den Sud durch ein Sieb in einen Topf gießen, die übrigen Kartoffeln dazugeben, alles erhitzen und fein pürieren. Restliches Olivenöl dazulaufen lassen und unterschlagen. Die Kartoffelcreme in den Siphon füllen, falls vorhanden. Die Pilze aus dem Ofen nehmen. Mithilfe des Siphons oder eines Löffels auf jeden Teller etwas Kartoffelschaum geben und die Pilze daraufsetzen.

PATÉ-PRALINE
AUF BIRNEN-INGWER-RELISH

Feiner Nudelteig umhüllt herzhaft-cremige Bohnenfüllung:
Diese kleinen Kostbarkeiten passen perfekt zur süßscharfen
Aromenkombination des Relishs.

FÜR DEN NUDELTEIG:
100 g Weichweizengrieß
50 g Hartweizengrieß
1 gehäufter TL Sojamehl*
1 Msp. gemahlene Kurkuma
1/2 TL Salz

FÜR DAS BIRNEN-INGWER-RELISH:
1 kleine Zwiebel
10 g frischer Ingwer | 500 g Birnen
100 ml trockener Weißwein
4 EL naturtrüber Apfelessig*
100 g Rohrohrzucker | 1 TL Salz
1/2 TL Schwarzkümmel
2 TL rosa Pfefferbeeren (Schinus)

FÜR DIE PATÉ:
1 Dose Kidneybohnen
    (ca. 240 g Abtropfgewicht)
1 kleine Zwiebel
50 g Räuchertofu*
    (möglichst stark geräucherte Sorte)
1/2 TL getrockneter oder
    1 TL frischer Majoran
2 EL neutrales Pflanzenöl
Salz | schwarzer Pfeffer aus der Mühle

AUSSERDEM:
Weizenmehl zum Verarbeiten
2 Handvoll Feldsalat

Für 4 Personen
1 Std. 30 Min. Zubereitung
Pro Portion ca. 455 kcal

1 Für den Nudelteig alle Zutaten in eine Rührschüssel geben und mit 150 ml lauwarmem Wasser zu einem glatten Teig verarbeiten, diesen zu einer Kugel formen und zugedeckt 1 Std. im Kühlschrank ruhen lassen.

2 Inzwischen für das Relish Zwiebel und Ingwer schälen und sehr fein würfeln. Die Birnen schälen und die Kerngehäuse entfernen. 1 Birne zusammen mit Weißwein, Essig und 75 ml Wasser in einem Topf pürieren. Die übrigen Birnen in 1 cm große Würfel schneiden und dazugeben. Zwiebel, Ingwer, Zucker und Salz zufügen und alles aufkochen. Die Mischung bei geschlossenem Deckel bei schwacher Hitze 45 Min. köcheln, dabei hin und wieder umrühren. 15 Min. vor Ende der Garzeit den Schwarzkümmel zugeben.

3 In der Zwischenzeit für die Paté die Kidneybohnen in einem Sieb abspülen. Die Zwiebel schälen und in grobe Würfel schneiden. Die Bohnen und die Zwiebel zusammen mit Räuchertofu, Majoran und Öl fein pürieren, die Paté mit Salz und Pfeffer abschmecken und kalt stellen.

4 Den Nudelteig auf wenig Mehl mit dem Nudelholz oder in der Nudelmaschine sehr dünn ausrollen und daraus mit einer Ausstechform oder einem Glas (11 cm Ø) zwölf Kreise ausstechen. Auf jeden Kreis 1 TL Paté geben, zuklappen und mit einer Gabel fest verschließen.

5 Die rosa Pfefferbeeren unter das Birnenrelish rühren. Den Feldsalat waschen, trocken schleudern und als Streifen auf vier Tellern verteilen. In einem Topf reichlich Salzwasser aufkochen und die Hitze reduzieren, sodass das Wasser nur noch leise simmert. Die Pralinen darin 2–3 Min. garen, bis sie an die Oberfläche steigen. Mit einer Schaumkelle herausheben, kurz abtropfen lassen und je drei Paté-Pralinen auf dem Feldsalat anrichten. Jeweils etwas Birnen-Ingwer-Relish in die Zwischenräume geben.

PATÉ AUFS BROT

Das Rezept für die Paté ergibt mehr als die benötigte Menge. Sie hält sich aber einige Tage im Kühlschrank und schmeckt wunderbar als Brotaufstrich.

RELISH FÜR DEN VORRAT

Sie können die Menge an Relish auch verdoppeln oder vervierfachen und einkochen: Dazu die Mischung in heiß ausgespülte Gläser mit Twist-off-Deckeln füllen und 15 Min. im Backofen oder in einem Topf mit siedendem Wasser einkochen. Es hält sich danach mehrere Monate.

NUDELTASCHEN EINFACH FORMEN

Zum Herstellen der Pralinen können Sie auch einen klappbaren Ravioliformer verwenden: einen Teigkreis hineinlegen, Paté daraufgeben und den Ravioliformer fest zuklappen. Das erspart das Verschließen mit der Gabel.

WARME VORSPEISEN UND SUPPEN 75

SÜSSKARTOFFEL-PAPRIKA-LASAGNE
MIT RÄUCHERTOFU UND MOJO

**Ganz ohne Pasta, darum aber nicht weniger verlockend kommt
diese Lasagne daher. Süßkartoffel, Paprika und Tofu werden
von einer frisch-würzigen kanarischen Mojo-Sauce begleitet.**

FÜR DEN MOJO:

1 Bund Petersilie
1 Bund Koriandergrün
2 Knoblauchzehen
1 frische grüne Chilischote
100 ml Olivenöl
1 EL Aceto balsamico bianco
1 TL Agavendicksaft* | Salz
schwarzer Pfeffer aus der Mühle
ca. 1 EL Zitronensaft

FÜR DIE LASAGNE:

2 Süßkartoffeln (je 350 g)
*je 4 kleine grüne und rote Spitz-
  paprikaschoten (500 g)*
400 g Räuchertofu*
300 g Austernpilze
*4–5 EL neutrales Pflanzenöl
  zum Braten*
2 EL helle Sojasauce | Salz
schwarzer Pfeffer aus der Mühle

Für 4 Personen
50 Min. Zubereitung
Pro Portion ca. 635 kcal

1 Für den Mojo die Kräuter waschen, trocken schleudern und die Blätter abzupfen. Den Knoblauch schälen und grob würfeln. Die Chilischote putzen, längs halbieren, entkernen und waschen. Alles mit Olivenöl, Essig und Agavendicksaft in einen hohen Rührbecher geben und mit dem Pürierstab fein pürieren. Mit Salz, Pfeffer und Zitronensaft abschmecken und beiseitestellen.

2 Den Backofen auf 100° vorheizen und einen Teller hineinstellen. Für die Lasagne die Süßkartoffeln schälen und der Länge nach 20 ca. 0,5 cm dicke Scheiben aus der Mitte schneiden. (Den Rest anderweitig verwenden.) Die Paprikaschoten längs halbieren, entkernen, waschen und etwas flach drücken. Den Tofu längs in zwölf Scheiben schneiden. Die Austernpilze putzen und falls nötig mit Küchenpapier trocken abreiben. Große Exemplare teilen.

3 Eine Grillpfanne erhitzen. Die Stege mit Öl bepinseln und die Süßkartoffelscheiben und Paprikastücke portionsweise darin 2–3 Min. pro Seite braten, bis sie gar und gut gebräunt sind, dabei mit Salz und Pfeffer würzen. Das fertige Gemüse im Ofen warm halten.

4 Den Tofu ebenfalls von beiden Seiten je 2 Min. anbraten, mit Sojasauce ablöschen und ebenfalls warm halten. Die Pfanne säubern, zuletzt die Austernpilze anbraten und mit Salz und Pfeffer würzen.

5 Die Gemüsescheiben und den Tofu abwechselnd und ganz leicht versetzt auf vier Teller schichten, dabei jede Lage Süßkartoffeln mit Mojo beträufeln. Um jede Lasagne einen Ring von Mojo ziehen. Die Pilze auf und neben der Lasagne anrichten. Den übrigen Mojo dazu reichen.

PUMPERNICKEL-CRACKER MIT APFEL-BIRNEN-ROSENKOHL

800 g Rosenkohl | Salz
200 g Räuchertofu*
1 kleine Zwiebel | 2 feste Birnen
1 süß-säuerlicher Apfel
2 EL neutrales Pflanzenöl
50 ml Pflanzensahne* zum Kochen
4 Scheiben Pumpernickel

AUSSERDEM:
2 Stängel Dill oder Petersilie zum Garnieren

Für 4 Personen
35 Min. Zubereitung
Pro Portion ca. 340 kcal

1 Den Rosenkohl putzen: Welke äußere Blätter sowie den Strunk entfernen und die Knospen waschen und halbieren. Den Rosenkohl in reichlich kochendem Salzwasser 10 Min. garen, in Eiswasser abschrecken und abtropfen lassen.

2 Inzwischen den Backofen auf 220° vorheizen. Den Räuchertofu fein würfeln. Die Zwiebel schälen und ebenfalls fein würfeln. Die Birnen und den Apfel nach Belieben schälen, halbieren und die Kerngehäuse entfernen. Die Früchte in ca. 1,5 cm große Würfel schneiden.

3 1 EL Öl in einer Pfanne erhitzen, den Räuchertofu darin bei starker Hitze in ca. 2 Min. kross braten und herausnehmen.

4 Die Zwiebeln im übrigen EL Öl bei mittlerer Hitze glasig dünsten. Apfel- und Birnenwürfel zugeben und 3 Min. mitbraten.

5 Die Tofu-Gemüse-Mischung mit der Pflanzensahne ablöschen, 1 Min. einkochen und mit Salz abschmecken. Den Rosenkohl unterrühren und kurz heiß werden lassen.

6 Die Pumpernickelscheiben im heißen Ofen (oben) 5 Min. rösten und auf vier Teller verteilen. Den Apfel-Birnen-Rosenkohl dekorativ darauf verteilen. Die Kräuter waschen und trocken schütteln, von den Stängeln zupfen und das Gemüse damit garnieren.

78 WARME VORSPEISEN UND SUPPEN

KÜRBISFLAN
MIT PISTAZIEN

1 Den Kürbis waschen. Die Samen und das faserige Innere mit einem Löffel entfernen und das Fruchtfleisch grob würfeln. Den Kürbis in reichlich Salzwasser in ca. 5 Min. sehr weich kochen, dann das Wasser abgießen und den Kürbis kurz auf der noch warmen Herdplatte ausdampfen lassen. Den Knoblauch schälen und fein würfeln.

2 Den Backofen auf 170° vorheizen. Den Kürbis noch warm durch eine Kartoffelpresse drücken oder zu Püree zerstampfen. Das Mus mit den restlichen Zutaten bis auf die Pistazien vermengen. Die Masse so lange rühren, bis sie deutlich fester wird, und mit Salz und Pfeffer abschmecken.

3 Die Souffléförmchen mit Öl fetten. Die Kürbismasse hineinfüllen und die Förmchen in eine Auflaufform stellen. Die Form mit so viel Wasser füllen, dass die Förmchen ca. 4 cm hoch darin stehen. Die Kürbisflans im heißen Backofen (Mitte) 45 Min. garen.

4 Die Flans aus dem Ofen nehmen und einige Minuten auf einem Kuchengitter abkühlen lassen. Dann die Flans nach Belieben stürzen oder in der Form servieren und mit den Pistazien bestreuen.

1 kg Hokkaidokürbis
Salz | 2 Knoblauchzehen
4 EL Pflanzensahne* zum Kochen
1/2 TL frisch geriebene Muskatnuss
1/2 TL gemahlener Kreuzkümmel (Cumin)
1/2 TL Agar-Agar*
2 TL Guarkernmehl*
schwarzer Pfeffer aus der Mühle
1 EL gehackte Pistazien

AUSSERDEM:
4 Souffléförmchen (7–10 cm Ø)
neutrales Pflanzenöl für die Förmchen

Für 4 Personen
25 Min. Zubereitung
45 Min. Backen
Pro Portion ca. 105 kcal

WARME VORSPEISEN UND SUPPEN

SEITAN-INVOLTINI AUF SAFRANSCHAUM

Safran ist eines der teuersten Gewürze der Welt. Kaufen Sie ihn immer in Fäden, nicht gemahlen, um sicherzugehen, dass es sich auch wirklich um echten Safran handelt. Eine Schnupperprobe bringt zusätzliche Klarheit.

FÜR DIE INVOLTINI:

100 g Glutenpulver*
1 EL Hefeflocken*
1/2 TL Backpulver
1/2 TL getrockneter Rosmarin
1/2 TL getrockneter Thymian
1/2 TL Rauchsalz (siehe S. 8)
1/2 TL Salz
2 EL Sojasauce
2 EL neutrales Pflanzenöl
70 ml Sojamilch*

FÜR DIE FÜLLUNG:

125 g Räuchertofu*
2 EL Pflanzensahne* zum Kochen
1–2 EL Sojamilch*
1/2 Frühlingszwiebel
4 Stängel glatte Petersilie
2 TL edelsüßes Paprikapulver | Salz

FÜR DEN SAFRANSCHAUM:

125 ml Pflanzensahne* zum Kochen
50 ml Gemüsefond
2 EL trockener Weißwein
1 Briefchen Safranfäden | Salz

AUSSERDEM:

Glutenpulver* zum Verarbeiten
3 EL neutrales Pflanzenöl zum Braten
Rouladennadeln oder Zahnstocher

Für 4 Personen
1 Std. 30 Min. Zubereitung
Pro Portion ca. 370 kcal

1 Für die Involtini zunächst die trockenen Zutaten vermengen. Die flüssigen Zutaten unterrühren, dabei nicht zu viel kneten. Den Teig vierteln. Jedes Viertel auf der mit Glutenpulver bestreuten Arbeitsfläche mit starkem Druck ausrollen, sodass handtellergroße, ca. 1 cm dicke »Schnitzel« entstehen (**Bild 1**).

2 2 EL Öl in einer Pfanne erhitzen und die »Schnitzel« darin portionsweise von jeder Seite 30 Sek. anbraten, dann in einem verschließbaren Gefäß etwas »schwitzen« und weicher werden lassen.

3 Für die Füllung den Tofu mit Pflanzensahne und Sojamilch glatt pürieren. Die Frühlingszwiebel waschen, putzen, Weißes und Grünes in feine Ringe schneiden und unterheben. Die Petersilie waschen und trocken schütteln, die Blättchen grob hacken. Zwiebel und Petersilie mit dem Paprikapulver unter die Tofumasse rühren und alles mit Salz abschmecken.

4 Auf jedes »Schnitzel« 1 gehäuften TL Füllung setzen, dann das »Schnitzel« einrollen und das Ende mit Zahnstochern oder Rouladennadeln fixieren (**Bild 2**). Die Involtini zurück in die Pfanne geben und ca. 0,5 cm hoch Wasser angießen. Die Involtini zugedeckt bei schwacher Hitze 25 Min. schmoren, dabei zwischendurch einmal wenden. Gegen Ende der Schmorzeit den Deckel abnehmen und das Wasser verkochen.

5 Inzwischen für den Safranschaum die Pflanzensahne mit Fond, Weißwein, Safranfäden und etwas Salz zum Kochen bringen. Zugedeckt bei schwacher Hitze 20 Min. köcheln lassen.

6 Den übrigen EL Öl in einer Pfanne erhitzen, die Involtini darin 1 Min. bei starker Hitze rundum anbraten, leicht abkühlen lassen und nach Belieben diagonal halbieren. Den Safranschaum mit Salz abschmecken, mit einem Pürierstab schaumig mixen (**Bild 3**) und zusammen mit den Involtini servieren.

VORSPEISE ALS HAUPTSACHE

Kombiniert mit den Kürbisflans von S. 79 werden die Seitan-Involtini zu einem köstlichen Hauptgericht.

FRÜHLINGSZWIEBEL-PFANNKÜCHLEIN MIT RÜBCHEN-ERDNUSS-SALAT

Hoch lebe das Zitronengras! Sein frisch-grasiges Aroma versetzt sofort nach Südostasien – zum Beispiel mit diesem Gericht, in dem sowohl die aromatischen Küchlein als auch der knackige Salat damit gewürzt werden.

FÜR DIE PFANNKUCHEN:

200 g Weizenmehl
    (Type 405 oder 550)
50 g Sojamehl*
1 TL Backpulver
300 ml Sojamilch*
3 EL Zitronengraspaste (siehe S. 14)
2 EL Reisessig
1 Msp. gemahlene Kurkuma
2 TL Salz
1 Knoblauchzehe

FÜR DEN SALAT:

2 El Zitronengraspaste (siehe S. 14)
3 EL Reisessig
1 EL Agavendicksaft* | Salz
2 EL neutrales Pflanzenöl
500 g Mairübchen
4 Stängel Petersilie
100 g geröstete, gesalzene Erdnüsse

AUSSERDEM:

1 Bund Frühlingszwiebeln
neutrales Pflanzenöl zum Braten

Für 4 Personen
45 Min. Zubereitung
Pro Portion ca. 595 kcal

1 Für die Pfannkuchen Mehl, Sojamehl und Backpulver mischen. Sojamilch, Zitronengraspaste, Essig, Kurkuma und Salz dazugeben und alles glatt rühren. Den Knoblauch schälen und dazupressen. Den Teig 10 Min. ruhen lassen.

2 Inzwischen für den Salat Zitronengraspaste, Essig und Agavendicksaft mit etwas Salz verrühren und das Öl unterschlagen.

3 Die Mairübchen putzen, schälen und in feine Streifen schneiden oder raspeln. Die Petersilie waschen, trocken schütteln, die Blätter abzupfen und fein hacken. Die Erdnüsse grob hacken. Alles mit dem Dressing vermengen und die Mischung etwas durchziehen lassen.

4 Die Frühlingszwiebeln putzen, waschen und in Ringe schneiden, dann unter den Pfannkuchenteig rühren. Reichlich Öl in einer großen Pfanne erhitzen, darin in zwei Portionen zwölf Pfannküchlein (6–8 cm Ø) in ca. 3 Min. pro Seite goldbraun braten und jeweils auf Küchenpapier entfetten. Den Salat mit Salz abschmecken und zu den Pfannküchlein servieren.

BEILAGE: ASIA-DIP

Dazu schmeckt ein asiatischer Dip: Dafür 1 Knoblauchzehe und 10 g frischen Ingwer schälen und fein würfeln. 1 Frühlingszwiebel putzen, waschen und in feine Ringe schneiden. 1 rote Chilischote längs halbieren, entkernen, waschen und fein würfeln. 3 Stängel Koriandergrün waschen, trocken schütteln, die Blätter abzupfen und fein hacken. 90 ml geröstetes Sesamöl, 50 ml Reisessig, 50 ml helle Sojasauce und 2 TL Agavendicksaft* verrühren. Knoblauch, Ingwer, Frühlingszwiebel, Chili und Koriander untermischen. Mit Agavendicksaft abschmecken. Den Dip in kleine Schälchen füllen und die Frühlingszwiebelpfannkuchen hineindippen.

GURKEN-RIESLING-SHOTS MIT CASHEWCREME

100 g Cashewnusskerne
3 Bio-Limetten
Salz | 3 Salatgurken
1 Knoblauchzehe
1 Bund Dill
150 ml trockener Riesling
2 EL Agavendicksaft* | Salz
schwarzer Pfeffer aus der Mühle

Für 4 Personen
40 Min. Zubereitung
12 Std. Einweichen
Pro Portion ca. 250 kcal

1 Am Vortag die Cashewnüsse in einer Schüssel mit reichlich Wasser übergießen und mindestens 3 Std., am besten über Nacht, einweichen.

2 Am nächsten Tag die Cashewnüsse in ein Sieb abgießen. 2 Limetten heiß waschen und trocknen, die Schale abreiben. Alle Limetten auspressen. Die Cashewnüsse zusammen mit 3/4 des Limettensafts sehr fein pürieren. Die Mischung mit Salz abschmecken.

3 Die Gurken waschen und ungeschält in grobe Stücke schneiden. Den Knoblauch schälen. Den Dill waschen, trocken schütteln und einige Spitzen für die Garnitur abzupfen. Den restlichen Dill grob zerschneiden.

4 Gurkenstücke, Knoblauch, Riesling, Dill, Agavendicksaft und 4 EL von der Cashewmasse sehr fein pürieren. Wenn nötig, noch etwas Wasser hinzufügen. Mit Salz, Pfeffer und Limettenschale abschmecken. Sollte die Suppe zu viel Säure haben, noch Agavendicksaft hinzufügen.

5 Die Suppe auf Tassen oder Teller verteilen. Aus der übrigen Cashewmasse vier Nocken abstechen und vorsichtig in die Suppe gleiten lassen. Die Suppe mit ein paar von den beiseitegelegten Dillspitzen garnieren.

MANGO-GAZPACHO

1 Den Knoblauch schälen und würfeln. Die Gurke schälen, längs halbieren und entkernen. Ein Viertel beiseitelegen, den Rest grob würfeln. Die Mango schälen, das Fruchtfleisch vom Stein schneiden, ebenfalls ein Viertel beiseitelegen und den Rest grob würfeln.

2 Mango-, Gurken- und Knoblauchwürfel in eine Schüssel geben. Die Chilischote dazubröseln. Tomatensaft, Agavendicksaft, Essig und 2 EL Olivenöl dazugeben. Die Limette heiß waschen und abtrocknen, die Schale abreiben und den Saft auspressen. Die Limettenschale und 2 EL Saft zur Mango-Gurken-Mischung geben. Alles mit dem Pürierstab oder im Mixer fein pürieren und mit Salz und Pfeffer würzen.

3 Die Tomaten waschen, halbieren und entkernen, dabei den Stielansatz entfernen. Die Zwiebel schälen. Tomate, Zwiebel, restliche Gurke und Mango sehr fein würfeln. Die Würfel in die Suppe geben und alles 1 Std. kühl stellen.

4 Das Basilikum waschen, trocken tupfen und nach Belieben in Streifen schneiden. Den Gazpacho mit Salz und Pfeffer abschmecken. Nach Belieben etwas crushed Ice auf Suppenschalen oder Gläser verteilen und die Suppe darüberschöpfen. Mit den übrigen 2 EL Olivenöl beträufeln und mit dem Basilikum garnieren. Den Gazpacho sofort servieren.

2 Knoblauchzehen
1 Schmorgurke
1 große Mango (ca. 600 g)
1 getrocknete Chilischote
500 ml Tomatensaft
2 EL Agavendicksaft*
2 EL Aceto balsamico bianco
4 EL Olivenöl
1 Bio-Limette | Salz
schwarzer Pfeffer aus der Mühle
2 Tomaten
1 rote Zwiebel
12 Basilikumblätter
crushed Ice zum Servieren
  (nach Belieben)

Für 4 Personen
30 Min. Zubereitung
1 Std. Kühlen
Pro Portion ca. 225 kcal

WARME VORSPEISEN UND SUPPEN

WALDPILZESSENZ
MIT TOPINAMBURKLÖSSCHEN

Diese Suppe ist echtes Soulfood für kurze Herbsttage. Intensiver Pilzgeschmack wird durch intensive Gewürze ergänzt, die von innen wärmen. In den Klößchen darf ein zu Unrecht unterschätztes Gemüse zeigen, was es kann.

FÜR DIE ESSENZ:

800 g Waldpilze (z. B. eine Mischung
aus Steinpilzen, Pfifferlingen,
Samthauben; ersatzweise
TK-Ware)
1,5 l nicht zu salzige Gemüsebrühe
(siehe S. 15)
2 Lorbeerblätter
1 Zweig Rosmarin
1/2 Bund glatte Petersilie
2 Zweige Oregano
2 Kaffirlimettenblätter
2 Stück Sternanis
2 Gewürznelken
1 TL schwarze Pfefferkörner
5 Wacholderbeeren
2 Knoblauchzehen | Salz

FÜR DIE TOPINAMBURKLÖSSCHEN:

150 g Topinambur
500 ml Gemüsebrühe (siehe S. 15)
70 g Kartoffelstärke
1 Prise frisch geriebene Muskatnuss
1 EL Haselnuss-Topping (siehe S. 12)

AUSSERDEM:

4–5 Stängel glatte Petersilie
zum Garnieren

Für 4 Personen
1 Std. Zubereitung
Pro Portion ca. 160 kcal

1 Für die Essenz die Pilze putzen und mit Küchenpapier trocken abreiben. Für die Einlage 1–2 Handvoll besonders schöne Pilzhauben in sehr feine Scheiben schneiden und beiseitelegen. Die übrigen Pilze, die Stiele und andere verwertbare Abschnitte mit 1,5 l Gemüsebrühe und den Kräutern, den Gewürzen und dem ungeschälten Knoblauch aufkochen. Alles bei mittlerer Hitze zugedeckt 40 Min. köcheln lassen.

2 In der Zwischenzeit den Topinambur putzen, schälen, in dünne Scheiben schneiden und in der Gemüsebrühe in ca. 3 Min. weich garen. Die Scheiben herausnehmen und zerstampfen oder durch eine Kartoffelpresse drücken. Das Püree mit Stärke und Muskat zu einem glatten, kompakten Teig verkneten.

3 Aus dem Teig 25–30 murmelgroße Kugeln formen und diese im sanft köchelnden Topinambursud 2–3 Min. ziehen lassen. Die Klößchen sind fertig, wenn sie an die Oberfläche steigen.

4 Die Petersilie für die Garnitur waschen und trocken schütteln, die Blättchen abzupfen und fein hacken. Die Petersilie und die Topinamburklößchen auf vier Teller verteilen. Die Pilzessenz durch ein mit einem Tuch ausgelegtes Sieb gießen und nochmals mit Salz abschmecken.

5 Die beiseitegelegten Pilzscheiben 1–2 Min. in der heißen, aber nicht mehr kochenden Brühe ziehen lassen. Die Brühe samt Pilzscheiben auf Suppenteller verteilen und sofort servieren.

GELBE PAPRIKASUPPE MIT SCHNITTLAUCHNOCKEN

1 kg gelbe Paprikaschoten
1 Zwiebel
2 Pfirsiche oder Nektarinen
600 ml Gemüsebrühe (siehe S. 15)
1–2 TL Agavendicksaft* | Salz
schwarzer Pfeffer aus der Mühle
100 g Räuchertofu*
2 EL Pflanzensahne* zum Kochen
1/2 Bd. Schnittlauch

Für 4 Personen
20 Min. Zubereitung
Pro Portion ca. 145 kcal

1 Die Paprikaschoten putzen, halbieren, entkernen und waschen. Die Zwiebel schälen. Pfirsiche oder Nektarinen waschen, halbieren und entsteinen. Alles mit der Gemüsebrühe in einem Topf aufkochen und 10 Min. bei mittlerer Hitze kochen. Die Suppe pürieren, mit Agavendicksaft, Salz und Pfeffer abschmecken und bei schwacher Hitze weiterköcheln lassen.

2 Für die Nocken den Räuchertofu in grobe Würfel schneiden und mit der Sahne pürieren. Den Schnittlauch waschen und trocken schütteln. Einige Halme zum Garnieren beiseitelegen, die übrigen in feine Röllchen schneiden und unter die Räuchertofupaste mischen. Mit Salz und Pfeffer abschmecken.

3 Die Suppe in Tassen oder Schälchen füllen. Mit zwei Teelöffeln Nocken von der Räuchertofupaste abstechen und auf die Suppentassen verteilen. Die Suppe mit den beiseitegelegten Schnittlauchhalmen garnieren und servieren.

ERBSEN-WASABI-CREME

*300 g frische Erbsen (ersatz-
   weise 200 g TK-Erbsen)*
2 rote Zwiebeln
3 EL neutrales Pflanzenöl
2–3 EL Agavendicksaft*
400 g Kokosmilch (aus der Dose)
500 ml Gemüsebrühe (siehe S. 15)
Salz | 2 Bio-Limetten
100 g Radieschen
2 Stängel Koriandergrün
2 1/2–3 TL Wasabipulver

Für 4 Personen
30 Min. Zubereitung
Pro Portion ca. 170 kcal

1 Frische Erbsen enthülsen. 1 Zwiebel schälen und fein würfeln. 1 EL Öl in einem Topf erhitzen und die Zwiebelwürfel darin in ca. 2 Min. glasig dünsten. Die Erbsen hinzufügen und kurz mitdünsten. 1 EL Agavendicksaft dazugeben, etwas karamellisieren, dann mit Kokosmilch und Brühe ablöschen. Alles salzen, aufkochen und bei schwacher Hitze 8 Min. köcheln lassen.

2 Die Limetten heiß waschen und trocknen, die Schale abreiben und den Saft auspressen. Für die Salsa die übrige Zwiebel schälen, halbieren und in feine Streifen schneiden. Die übrigen 2 EL Öl mit 1 EL Limettensaft und 1 EL Agavendicksaft verrühren und die Zwiebelstreifen darin marinieren.

3 Die Radieschen waschen, putzen und zuerst in Scheiben, dann in Stifte schneiden. Das Koriandergrün waschen, trocken schütteln, die Blätter abzupfen und grob hacken. Beides zu den Zwiebeln geben und die Salsa mit 1/2–1 TL Wasabi, Salz und Agavendicksaft süßscharf würzen.

4 Die Suppe fein pürieren und dabei Limettenschale, 2 EL Limettensaft und 2 TL Wasabi untermixen. Mit Salz, Limettensaft und Agavendicksaft abschmecken. Die Suppe auf Suppenschalen verteilen und die Salsa darauf anrichten. Dazu passt geröstetes Brot.

KLEINER ROTE-BETE-TOPF MIT DILL-GREMOLATA

So wird aus einem rustikalen Eintopf eine feine Vorspeise: mit harmonischer Aromenkomposition und der Frische von Dill, Ingwer und Zitrone.

1 Zwiebel
20 g frischer Ingwer
2 Knoblauchzehen
500 g festkochende Kartoffeln
500 g Rote Bete
200 g Räuchertofu*
750 ml Gemüsebrühe (siehe S. 15)
2 Stängel Dill
abgeriebene Schale von 1 Bio-Zitrone
2 EL neutrales Pflanzenöl
1 EL Sojasauce
Cayennepfeffer | Salz
schwarzer Pfeffer aus der Mühle
1–2 EL Aceto balsamico bianco

Für 4 Personen
40 Min. Zubereitung
Pro Portion ca. 265 kcal

1 Zwiebel, Ingwer, Knoblauch, Kartoffeln und Rote Beten schälen. Zwiebel, Knoblauch und Ingwer fein würfeln. Kartoffeln, Rote Beten und Tofu in ca. 0,7 cm große Würfel schneiden. 150 g Kartoffelwürfel, Tofu und die Hälfte des Knoblauchs beiseitestellen. Alle anderen vorbereiteten Zutaten mit der Gemüsebrühe in einem Topf zum Kochen bringen und bei schwacher bis mittlerer Hitze 15 Min. köcheln lassen.

2 Für die Gremolata den Dill waschen, trocken tupfen und ohne die Stängel fein hacken. Den Dill und den übrigen Knoblauch mit der Zitronenschale mischen und die Gremolata beiseitestellen.

3 Das Öl in einer Pfanne erhitzen und die übrigen Kartoffelwürfel darin bei mittlerer Hitze rundherum anbraten, den Tofu dazugeben und 5–7 Min. mitbraten, bis er gebräunt ist und die Kartoffeln gar sind. Mit Sojasauce ablöschen und mit Cayennepfeffer und Salz abschmecken.

4 Den Eintopf mit Salz, Pfeffer und Essig abschmecken. 1 TL Gremolata unterrühren. Den Eintopf auf tiefe Teller oder Suppenschalen verteilen. Tofu und gebratene Kartoffeln darauf verteilen und mit der restlichen Gremolata servieren. Dazu passen Roggenbrot oder Pumpernickeltaler.

VARIANTE: KOHLRABITOPF MIT KERBEL-GREMOLATA

Für eine helle Version des Eintopfs die Roten Beten durch Kohlrabi ersetzen und den Dill durch 2 EL gehackten Kerbel.

KICHERERBSENCREME

*1 Zwiebel | 1 Knoblauchzehe
150 g Süßkartoffel | 1 Stange Staudensellerie | 1 Dose Kichererbsen
(ca. 240 g Abtropfgewicht)
2 EL Pflanzenöl
1 TL vegane gelbe Currypaste*
1 EL Agavendicksaft*
400 ml Gemüsebrühe (siehe S. 15)
100 ml Apfelsaft | 250 ml Hafersahne*
Salz | 1/2–1 EL Zitronensaft
1/2–1 EL Reisessig*

*Für 4 Personen
30 Min. Zubereitung
Pro Portion ca. 250 kcal*

1 Zwiebel und Knoblauch schälen und fein würfeln. Die Süßkartoffel schälen und grob würfeln. Den Sellerie putzen, waschen und in Scheiben schneiden. Die Kichererbsen in ein Sieb abgießen, kalt abbrausen und abtropfen lassen.

2 Das Öl in einem Topf erhitzen. Zwiebel, Süßkartoffel und Sellerie darin 5 Min. andünsten. Knoblauch und Currypaste dazugeben und kurz mitdünsten. Den Agavendicksaft hinzufügen und etwas karamellisieren.

3 Kichererbsen, Brühe und Apfelsaft hinzufügen, zum Kochen bringen und bei schwacher bis mittlerer Hitze 8 Min. köcheln lassen.

4 Die Hafersahne zur Suppe geben und diese fein pürieren. Mit Salz, Zitronensaft und Essig abschmecken. Auf Suppenschalen oder tiefe Teller verteilen und nach Belieben mit einem Topping (s. Tipp) bestreuen.

FEIN ANGERICHTET

Für ein hübsches und fein süß-nussiges Topping 10 Petersilienblättchen waschen, trocken tupfen und etwas klein zupfen. 5 Apfelchips und 5 Pekannusshälften etwas zerbröckeln. Die Mischung direkt vor dem Servieren über die Suppe streuen.

KÜRBIS-KOKOS-SÜPPCHEN

1 Den Kürbis gründlich waschen und putzen, dabei Stiel- und Blütenansätze entfernen. Den Kürbis halbieren, entkernen und würfeln. Die Zwiebeln schälen und fein würfeln. Die Gewürzmischung vorbereiten.

2 Das Öl in einem Topf erhitzen und die Zwiebeln darin bei mittlerer Hitze 3 Min. andünsten. Den Kürbis dazugeben und kurz mitdünsten. Die Gewürzmischung hinzufügen und kurz heiß werden lassen. Die Gemüsebrühe und die Kokosmilch angießen, alles zum Kochen bringen und die Suppe bei schwacher bis mittlerer Hitze 9 Min. köcheln lassen. Die Bananen schälen, in Scheiben schneiden und nach 5 Min. dazugeben.

3 Den Bananensaft und 1 EL Zitronensaft dazugeben und die Suppe mit dem Pürierstab fein pürieren. Mit etwas Wasser zur gewünschten Konsistenz verdünnen und mit Salz, Agavendicksaft und Zitronensaft abschmecken. Die Suppe auf Schalen oder tiefe Teller verteilen, nach Belieben mit Chilifäden garnieren und servieren.

DER TRICK MIT DEM AROMA

Die Suppe erhält ihr Aroma durch eine besondere Gewürzmischung. Dafür 4 Pimentkörner, 1/2 TL schwarze Pfefferkörner, 4 Zacken Sternanis und 2 getrocknete Chilischoten im Mörser zerstoßen. Zum Schluss 1 TL gemahlene Kurkuma und 1 TL Ingwerpulver untermischen.

800 g Hokkaidokürbis
2 Zwiebeln
Gewürzmischung (s. Tipp)
2 EL neutrales Pflanzenöl
500 ml Gemüsebrühe (siehe S. 15)
400 ml Kokosmilch (aus der Dose)
2 nicht zu große Bananen
100 ml Bananensaft
1–2 EL Zitronensaft
Salz | Agavendicksaft*
Chilifäden zum Garnieren
  (nach Belieben)

Für 4 Personen
30 Min. Zubereitung
Pro Portion ca. 170 kcal

WARME VORSPEISEN UND SUPPEN

HAUPTGERICHTE

Nur mit Gemüse den Hauptgang bestreiten? Aber ja! Wir finden, es gehört in den Mittelpunkt des Tellers und nicht als simple Beilage an den Rand. Darum haben wir für dieses Kapitel Rezepte kreiert, deren Namen allein schon das Prädikat »vom Feinsten« verdienen: Garam-Masala-Blumenkohl mit Pflaumen-Ingwer-Chutney etwa, Steinpilzmaultaschen mit Mangold-Radicchio-Gemüse oder gefüllte Auberginen-Piccata. Sie stimmen uns hoffentlich zu: Die schmecken sogar schon beim Lesen!

SPARGELCARPACCIO MIT RADIESCHENVINAIGRETTE

Dünn geschnitten und noch bissfest gegart, ist der Spargel
bereit für Würze. Die bringt in diesem Fall eine Radieschenvinaigrette
auf den Teller. Das ist Frühling pur!

FÜR DAS SPARGELCARPACCIO:

*1,5 kg weißer Spargel
(ersatzweise grüner Spargel)*
800 g neue Kartoffeln
1 große Orange
*3 TL helle Misopaste
(Asien- oder Bioladen)*

FÜR DIE RADIESCHENVINAIGRETTE:

1 Bd. Radieschen
1/2 Salatgurke
1/2 Bd. Petersilie
1 Bd. Dill
*2 EL Dijonsenf oder Mangosenf
(siehe S. 12)*
2 EL Weißweinessig
5 EL Walnussöl (ersatzweise Leinöl)

AUSSERDEM:

*4 Portobellopilze oder handteller-
große Shiitakepilze*
1 EL neutrales Pflanzenöl zum Braten
Salz | schwarzer Pfeffer aus der Mühle
*4 EL Sprossen (z. B. Alfalfasprossen,
nach Belieben)*

Für 4 Personen
1 Std. Zubereitung
Pro Portion ca. 345 kcal

1 Den Spargel schälen und die holzigen Enden abschneiden. Schalen und Strünke in 1,5 l Salzwasser 20 Min. kochen. Das Kochwasser durch ein Sieb gießen und erneut aufkochen. Inzwischen die Spargelstangen schräg in ca. 0,5 cm dicke Scheiben schneiden. Die Scheiben 5 Min. bei schwacher Hitze in der Spargelbrühe ziehen lassen, mit einer Schaumkelle herausheben, etwas abtropfen lassen und in eine Schüssel geben.

2 Die Kartoffeln gründlich abbürsten und vierteln, größere Kartoffeln sechsteln. Die Kartoffelstücke in dem Spargelkochwasser in ca. 15 Min. gar kochen.

3 Inzwischen die Orange auspressen und den Saft mit dem Miso verrühren. Das Dressing unter die Spargelstücke heben und alles mit Salz abschmecken.

4 Für die Vinaigrette Radieschen und Gurke waschen und putzen. Die Gurke halbieren und die Samen mit einem Teelöffel entfernen. Gurkenfruchtfleisch und Radieschen in sehr feine Würfel schneiden. Die Kräuter waschen, trocken schütteln und ohne die groben Stiele fein hacken. Senf, Essig und Öl zu einer cremigen Vinaigrette schlagen und die Kräuter und Gemüsewürfel unterheben.

5 Die Kartoffeln abgießen und ausdampfen lassen. Die Pilze falls nötig mit Küchenpapier abreiben und die Stiele entfernen. Die Kappen im Öl ca. 1 Min. von jeder Seite anbraten und salzen. Die Sprossen mit kaltem Wasser abbrausen und in einem Sieb abtropfen lassen.

6 Zum Anrichten jeweils 2 EL Spargelcarpaccio auf einen Teller geben, je 1 Pilz mit der Innenseite nach oben darauflegen und mit den Kartoffelstücken belegen. Zum Schluss die Vinaigrette über das Gericht geben und alles mit Pfeffer würzen. Das Gericht nach Belieben mit Sprossen garnieren.

GEFÜLLTE SÜSSKARTOFFELN MIT MANGOLD UND TRÜFFELCREME

Der Trüffel wird hier sparsam eingesetzt und verleiht der cremigen Sauce eine feinwürzige Note, die an Gorgonzola erinnert und die Süße der Kartoffeln perfekt ergänzt.

FÜR DIE TRÜFFELCREME:

100 g getrocknete Pilze
(Shiitake oder Steinpilze)
1 kleine Zwiebel
250 ml Pflanzensahne* zum Kochen
1 TL gehobelter frischer Trüffel*
oder Trüffelöl*

FÜR DAS GEMÜSE:

4 große Süßkartoffeln (à ca. 350 g)
1 EL neutrales Pflanzenöl
1 Zwiebel
500 g Mangold
2 TL helle Misopaste
(Asien- oder Bioladen)

AUSSERDEM:

Backpapier für das Blech | Salz
schwarzer Pfeffer aus der Mühle
Kugelausstecher

Für 4 Personen
1 Std. Zubereitung
Pro Portion ca. 590 kcal

1 Für die Trüffelcreme die Trockenpilze in 200 ml heißem Wasser 10 Min. einweichen. Die Zwiebel schälen und grob zerteilen. In einem Topf die Sahne zusammen mit Pilzen samt Einweichwasser, Zwiebel, Salz und Trüffel (oder Trüffelöl) 25 Min. bei schwacher Hitze sanft kochen.

2 Inzwischen den Backofen auf 240° vorheizen. Die Süßkartoffeln mit einer Gemüsebürste unter fließendem Wasser gründlich abbürsten und längs halbieren. Die Hälften rundum mit 1 EL Öl einreiben, mit Salz bestreuen und auf ein Backblech mit Backpapier setzen. Die Süßkartoffeln im Ofen in ca. 30 Min. knapp gar backen. Sie sollen noch fest sein.

3 In dieser Zeit die Zwiebel schälen und fein würfeln. Den Mangold waschen, trocken schütteln und Stiele und Blätter in feine Streifen schneiden. Allzu lange Streifen quer halbieren. In einem Topf reichlich Salzwasser zum Kochen bringen und Mangoldstiele und -blätter darin 30 Sek. blanchieren, dann in Eiswasser abschrecken, abgießen und abtropfen lassen.

4 Die Süßkartoffeln aus dem Backofen nehmen und etwas abkühlen lassen. Die Ofentemperatur auf 220° herunterschalten. Mit einem Kugelausstecher aus den Süßkartoffelhälften Bällchen ausstechen, dabei einen mindestens 0,5 cm breiten Rand stehen lassen.

5 Die Bällchen vorsichtig mit Mangold, Zwiebelwürfeln, Misopaste und der Hälfte der Trüffelcreme vermischen. Mit Salz und Pfeffer abschmecken und alles in die Süßkartoffelhälften füllen. Die Hälften wieder auf das Blech setzen und im Ofen weitere 15–20 Min. backen. Die gefüllten Süßkartoffeln mit der übrigen Trüffelcreme servieren. Dazu passt grüner Salat.

OFENKARTOFFELN

1 Zweig Rosmarin
1 TL Kreuzkümmelsamen (Cumin)
1/2 TL schwarze Pfefferkörner
1 TL schwarze Senfkörner
1 TL Koriandersamen
1 getrocknete Chilischote
grobes Meersalz | 5 EL Olivenöl
800 g kleine festkochende Kartoffeln (z. B. Drillinge)

AUSSERDEM:
Backpapier für das Blech

Für 4 Personen
25 Min. Zubereitung
40 Min. Backen
Pro Portion ca. 250 kcal

1 Den Backofen auf 200° vorheizen. Für das Gewürzöl den Rosmarin waschen, trocken schütteln, die Nadeln abzupfen und fein hacken. Kreuzkümmel, Pfefferkörner, Senf, Koriander und die Chilischote mit 2 TL Salz im Mörser fein zerdrücken und mit Rosmarin und Olivenöl mischen.

2 Die Kartoffeln gründlich waschen und abtrocknen. Jede Kartoffel im Abstand von 1–2 mm blättrig auf-, aber nicht durchschneiden, etwas auseinanderspreizen und mit dem Gewürzöl bepinseln. Die Gewürzkartoffeln auf einem mit Backpapier ausgelegten Blech im heißen Backofen (Mitte) 35–40 Min. backen. Sie passen zu gebratenem oder geschmortem Gemüse und zu mediterranen Salaten.

BÄRLAUCHSTAMPF

700 g vorwiegend festkochende Kartoffeln
2 Zwiebeln
75 g Apfelchips
3 EL vegane Margarine*
200 ml Gemüsebrühe (siehe S. 15)
200 ml Hafersahne*
2 EL Bärlauchpesto (Fertigprodukt aus dem Bioladen)
Salz | schwarzer Pfeffer aus der Mühle

Für 4 Personen
35 Min. Zubereitung
Pro Portion ca. 335 kcal

1 Die Kartoffeln waschen und knapp mit Wasser bedeckt im geschlossenen Topf bei schwacher bis mittlerer Hitze in 25–30 Min. gar kochen. Die Zwiebeln schälen und fein würfeln. Die Apfelchips zerbröseln oder grob hacken.

2 Die Kartoffeln in ein Sieb abgießen und etwas ausdampfen lassen, pellen und klein schneiden.

3 In einem großen Topf 1 EL Margarine erhitzen und die Zwiebeln darin ca. 4 Min. anbraten, bis sie leicht gebräunt sind. Apfelchips dazugeben und kurz anbraten. Dann Brühe und Hafersahne dazugießen und zum Kochen bringen.

4 Kartoffeln, Pesto und übrige Margarine dazugeben und die Kartoffeln nach Belieben grob oder fein stampfen. Den Stampf mit Salz und Pfeffer abschmecken und servieren. Er passt statt Schupfnudeln zum Sauerkraut (siehe S. 112) oder zu gebratenem oder geschmortem Gemüse (siehe S. 108 f.).

SEITANKARTOFFELN

1 kg festkochende Pellkartoffeln (vom Vortag)
2 Zwiebeln | 200 g Seitan*
5 EL neutrales Pflanzenöl
1 TL Koriandersamen | 1 TL Fenchelsamen
1 TL schwarze Senfkörner
1 Stängel Petersilie | Salz
schwarzer Pfeffer aus der Mühle
ca. 1 EL Zitronensaft

Für 4 Personen
35 Min. Zubereitung
Pro Portion ca. 340 kcal

1 Die Kartoffeln pellen und in Scheiben schneiden. Die Zwiebeln schälen und fein würfeln. Den Seitan ebenfalls in feine Würfel schneiden.

2 In einer Pfanne in 1 EL Öl Zwiebeln und Seitan in ca. 5 Min. braun braten und herausnehmen. Eine zweite Pfanne erhitzen, die übrigen 4 EL Öl auf beide Pfannen verteilen und jeweils die Hälfte der Kartoffeln zugeben. (Alternativ die Kartoffeln in einer Pfanne in zwei Portionen nacheinander braten.) Die Kartoffeln bei mittlerer Hitze in ca. 15 Min. goldbraun braten, dabei die Scheiben nur gelegentlich wenden, nicht umrühren.

3 Inzwischen für die Gewürzmischung Koriander, Fenchel und Senf im Mörser grob zerkleinern. Die Petersilie waschen, trocken schütteln und die Blätter in Streifen schneiden. Die Gewürze mit der Zwiebel-Seitan-Mischung zu den Kartoffeln geben und noch 2 Min. mitbraten. Alles mit Salz, Pfeffer und Zitronensaft abschmecken. Die Petersilie untermischen und die Seitankartoffeln servieren.

KARTOFFELSPIESSE

800 g kleine festkochende Kartoffeln
(z. B. Drillinge) | 4 Knoblauchzehen
2 TL Agavendicksaft* | 100 ml neutrales
Pflanzenöl | Salz | 1 Handvoll Salbeiblätter
250 g Dattel- oder Cocktailtomaten
schwarzer Pfeffer aus der Mühle

AUSSERDEM:
Zahnstocher aus Holz
Backpapier für das Blech

Für 4 Personen | 55 Min. Zubereitung
Pro Portion ca. 200 kcal

1 Die Kartoffeln waschen und in Wasser in 25–30 Min. gar kochen. Den Knoblauch schälen, mit Agavendicksaft und Öl pürieren und kräftig salzen. Den Salbei waschen und trocken schütteln. Die Tomaten waschen. Die Kartoffeln abgießen, pellen und 10 Min. im Knoblauchöl marinieren. Den Backofen auf 200° vorheizen.

2 Die Kartoffeln auf ein Blech mit Backpapier legen. Die Tomaten durch das Knoblauchöl ziehen, dann jeweils mit 1 Salbeiblatt mit einem Zahnstocher auf eine Kartoffel stecken. Die Spieße im Backofen (Mitte) 10 Min. garen, salzen und pfeffern.

HAUPTGERICHTE – KARTOFFELBEILAGEN 101

AUBERGINEN-PICCATA
MIT KARTOFFEL-ZITRONEN-STAMPF

Dieses Gericht überzeugt auch Menschen, die sonst mit
Auberginen so gar nichts anfangen können. Hier kommt das
Fruchtgemüse nämlich gefüllt und knusprig ausgebacken
daher – ein herzhafter Genuss!

2 große Auberginen | Salz
600 g mehligkochende Kartoffeln
350 g Pastinaken
100 g Räuchertofu*
1 kleine frische rote Chilischote
1 Zitrone
3–4 Stängel glatte Petersilie,
Thymian oder Oregano
5–6 EL neutrales Pflanzenöl
100 g vegane Margarine*
300 ml Pflanzensahne* zum Kochen
1 Prise Zucker (nach Belieben)
schwarzer Pfeffer aus der Mühle
1 Prise frisch geriebene Muskatnuss
200 g Weizenmehl
(Type 405 oder 550)
2 TL Backpulver
1/2 TL getrockneter Thymian

AUSSERDEM:
Weizenmehl zum Wenden

Für 4 Personen
1 Std. Zubereitung
Pro Portion ca. 910 kcal

1 Die Auberginen waschen und quer in 16 ca. 1,5 cm dicke Scheiben schneiden. Die Scheiben mit Salz bestreuen und zugedeckt 20 Min. Wasser ziehen lassen. In der Zwischenzeit die Kartoffeln und Pastinaken schälen, grob würfeln und in reichlich Salzwasser in 15–20 Min. gar kochen.

2 Inzwischen den Räuchertofu quer in 16 Scheiben schneiden. Die Chili putzen, längs halbieren, die Samen und Scheidewände entfernen und die Chilihälften fein würfeln. Die Zitrone auspressen. Die Kräuter waschen, gut trocken schütteln und die Blättchen abzupfen.

3 1 EL Öl in einer Pfanne erhitzen, den Tofu darin 30 Sek. pro Seite anbraten, herausnehmen und auf Küchenpapier entfetten. Die Auberginenscheiben mit Küchenpapier trocken tupfen und mit einem scharfen Messer in jede waagerecht eine Tasche schneiden. Jeweils 1 Scheibe Räuchertofu hineinfüllen. Den Backofen auf 50° vorheizen.

4 Das Kartoffel-Pastinaken-Gemüse abgießen und mit Margarine und 100 ml Pflanzensahne mit einem Kartoffelstampfer zerstampfen. Den Zitronensaft unterheben und den Stampf mit Salz, nach Belieben Zucker, Pfeffer und Muskat abschmecken. Den Stampf zugedeckt warm halten.

5 In einer Schüssel Mehl, übrige Pflanzensahne, 150 ml Wasser, 1 TL Salz, Backpulver, Chiliwürfel und Thymian zu einem glatten Ausbackteig verrühren.

6 Die gefüllten Auberginenscheiben in Mehl wenden und durch den Ausbackteig ziehen. Die Auberginenscheiben portionsweise in jeweils 1–2 EL Öl bei mittlerer Hitze in 3–4 Min. pro Seite goldbraun braten. Fertige Auberginen im Backofen warm halten. Den Stampf auf Teller verteilen, die Piccata dazugeben und mit den Kräuterblättchen garnieren. Dazu schmeckt der glasierte Radicchio von S. 108.

WIRSING-QUINOA-PÄCKCHEN
AUF BLUMENKOHLCREME

Wie wandelbar Blumenkohl ist, darf er als cremiger Begleiter für die Wirsingpäckchen zeigen. Die wiederum erinnern kaum noch an Omas Kohlrouladen,
denn die knackige Wirsinghülle trifft hier auf nussige Quinoafüllung.

FÜR DIE WIRSING-QUINOA-PÄCKCHEN:

120 g Quinoa
4 große Wirsingblätter
3 EL Tahincreme (siehe S. 13)
1 TL edelsüßes Paprikapulver
3 EL Paranusskerne
1 Handvoll Basilikum
1 EL neutrales Pflanzenöl

FÜR DIE BLUMENKOHLCREME:

1/2 kleiner Blumenkohl (ca. 250 g)
1 TL vegane Margarine*
1 EL Cashewmus*
frisch geriebene Muskatnuss

AUSSERDEM:

Salz | schwarzer Pfeffer aus der Mühle

Für 4 Personen
40 Min. Zubereitung
Pro Portion ca. 315 kcal

1 Für die Päckchen den Quinoa in 350 ml Wasser mit 1 Prise Salz aufkochen,
dann bei schwacher Hitze zugedeckt in ca. 15 Min. ausquellen lassen.

2 Inzwischen den harten Strunk der Wirsingblätter vorsichtig herausschneiden, die dicken Blattrippen etwas flach schneiden und die Blätter in kochendem Salzwasser 30 Sek. blanchieren. Die Blätter in Eiswasser abschrecken und
auf einem Küchentuch abtropfen lassen. Die Tahincreme mit dem Paprikapulver würzen, die Wirsingblätter damit bestreichen und mit Pfeffer bestreuen.

3 Die Paranüsse nach Belieben grob hacken und in einer Pfanne ohne Fett
anrösten, bis sie zu duften beginnen. Das Basilikum waschen und trocken
schütteln, die Blättchen abzupfen und mit Öl und 2 EL Wasser im Blitzhacker
oder mit dem Pürierstab zu einer sämigen Sauce pürieren. Die Basilikumsauce
mit Salz und Pfeffer abschmecken.

4 Für die Blumenkohlcreme den Blumenkohl waschen, putzen, samt Strunk
klein schneiden, knapp mit Wasser bedecken, salzen und in ca. 10 Min. weich
kochen. Den Blumenkohl abgießen und abtropfen lassen. In einem Topf Margarine und Cashewmus schmelzen und zum Blumenkohl geben. Die Mischung
mit einem Pürierstab oder im Mixer fein pürieren, mit Salz, Pfeffer und Muskat abschmecken und warm halten.

5 Den Quinoa, falls nötig, abgießen und etwas abtropfen lassen, dann auf die
Wirsingblätter verteilen. Die Füllung etwas glatt streichen, die Seiten einklap-
pen und die Blätter von der Strunkseite her einrollen.

6 Auf jeden Teller mit einem Löffel einen langen Streifen Blumenkohlcreme
streichen. Die Wirsingpäckchen schräg anschneiden und in die Mitte oder danebensetzen. Mit den gerösteten Paranüssen bestreuen und die Basilikumsauce
um die Wirsingpäckchen herumträufeln.

GARAM-MASALA-BLUMENKOHL MIT PFLAUMEN-INGWER-CHUTNEY

Orientalisch gewürzt und im Kartoffelnest serviert, läuft der gute alte Blumenkohl zu kulinarischer Höchstform auf. Es lohnt sich übrigens, das Chutney gleich in größeren Mengen zuzubereiten!

FÜR DAS CHUTNEY (ERGIBT 450 G):

500 g gelbe oder blaue Pflaumen
1 Zwiebel | 40 g frischer Ingwer
1 EL neutrales Pflanzenöl
1 gehäufter EL Rohrohrzucker
4 EL Aceto balsamico bianco
1 Stück Sternanis
2 Wacholderbeeren

FÜR DIE KARTOFFELNESTER:

2 große Kartoffeln (ca. 350 g)
1–2 EL Pflanzenöl

FÜR DEN BLUMENKOHL:

1 kleiner Blumenkohl (ca. 500 g)
15 g Datteln
10 g helle Misopaste
  (Asien- oder Bioladen)
2 EL Zitronensaft
1 gestr. TL Garam Masala
1 EL Sojasauce
1 EL neutrales Pflanzenöl
1 Msp. Chilipulver
1 TL Hefeflocken*

AUSSERDEM:

Salz | schwarzer Pfeffer aus der Mühle
Backpapier für das Blech
150 g Tahincreme (siehe S. 13)

Für 4 Personen
1 Std. Zubereitung
12 Std. Ziehen
Pro Portion ca. 485 kcal

1 Am Vortag für das Chutney die Pflaumen waschen, halbieren, entsteinen und drei Viertel in grobe, den Rest in feine Würfel schneiden. Zwiebel und Ingwer schälen und fein würfeln.

2 Das Öl in einem Topf erhitzen und die Zwiebeln darin in 3–4 Min. glasig anschwitzen. Ingwer, Zucker und grob gewürfelte Pflaumen hinzugeben und kurz mitbraten. Alles mit dem Balsamico ablöschen, die Gewürze hinzugeben, die Mischung etwas salzen und zugedeckt bei schwacher Hitze 1 Std. köcheln lassen, dabei ab und zu umrühren.

3 Die übrigen Pflaumen einrühren und das Chutney bei schwächster Hitze in weiteren 20 Min. offen gar ziehen lassen. Sollte es zu flüssig sein, noch einmal aufkochen und die Flüssigkeit unter Rühren einkochen. Zuletzt das Chutney mit Salz und Pfeffer abschmecken, die Wacholderbeeren und den Sternanis entfernen, das Chutney in ein Glas umfüllen, verschließen und 12 Std. oder über Nacht durchziehen lassen.

4 Für die Kartoffelnester die Kartoffeln schälen und mit einem Sparschäler rundherum lange Spiralen abschälen (**Bild 1**). Die Spiralen in eine Schüssel geben und sehr vorsichtig mit Öl und etwas Salz mischen. Die Spiralen auf einem mit Backpapier ausgelegten Backblech zu vier Nestern formen (**Bild 2**).

5 Den Ofen auf 200° vorheizen. Den Blumenkohl waschen, putzen und in Röschen teilen. Für die Marinade die Datteln entsteinen, grob zerkleinern, mit den übrigen Zutaten und 2–3 EL Wasser in ein hohes Gefäß geben und mit dem Pürierstab glatt pürieren.

6 Die Blumenkohlröschen in eine Schüssel geben und die Marinade mit den Händen gut einarbeiten. Den Blumenkohl neben die Kartoffelnester auf das Backblech geben (**Bild 3**) und im Ofen (Mitte) 30 Min. backen. Die Kartoffelnester und den Blumenkohl mit Chutney und Tahincreme servieren.

1

2

3

4

GLASIERTER RADICCHIO

300 g Radicchio
1 EL Kokosblütenzucker*
  (ersatzweise Rohrohrzucker)
1 TL neutrales Pflanzenöl
2 EL Aceto balsamico | Salz
schwarzer Pfeffer aus der Mühle

Für 4 Personen
10 Min. Zubereitung
Pro Portion ca. 40 kcal

1 Den Radicchio putzen, waschen und längs mit Strunk achteln.

2 Den Kokosblütenzucker mit 1 EL Wasser und 1 TL Öl in einem weiten Topf schmelzen, den Radicchio hinzugeben und bei schwacher Hitze 2–3 Min. garen.

3 Den Radicchio mit Balsamico ablöschen, kurz die Flüssigkeit reduzieren. Mit Salz und Pfeffer abschmecken.

MANGOLD MIT RAUCHMANDELN

100 g geräucherte Mandeln
  (selbst gemacht, siehe S. 10 f., oder gekauft)
300 g Mangold
1 EL neutrales Pflanzenöl
1 TL Koriandersamen
2 EL Sojasauce
1 TL Agavendicksaft*

Für 4 Personen
40 Min. Zubereitung
Pro Portion ca. 190 kcal

1 Die Mandeln grob hacken. Den Mangold waschen und trocken tupfen. Die Blätter längs halbieren und Stiele und Blätter getrennt quer in feine Streifen schneiden.

2 Das Öl in einer Pfanne erhitzen. Koriandersamen und die Mangoldstiele darin 1 Min. bei mittlerer Hitze anbraten.

3 Die Mangoldblätter hinzugeben und in 30 Sek. zusammenfallen lassen. Die Sojasauce und den Agavendicksaft hinzufügen und unterrühren.

4 Den Mangold zugedeckt bei schwächster Hitze 2–3 Min. ziehen lassen. Die gehackten Mandeln unterrühren und das Gemüse sofort servieren.

GESCHMORTE ARTISCHOCKEN

1 Bio-Zitrone
2 große Bio-Orangen
4 faustgroße Artischocken
1 EL vegane Margarine*
Salz | 1 EL Agavendicksaft*

Für 4 Personen
20 Min. Zubereitung
25 Min. Garen
Pro Portion ca. 60 kcal

1 Die Zitrusfrüchte heiß abwaschen und trocken reiben. Die Schale hauchdünn, also ohne die darunterliegende weiße Schicht, mit einem Sparschäler abschälen und die Früchte auspressen.

2 Die Margarine in einem weiten Topf schmelzen, Orangensaft und Zitrusschale hinzugeben. Die Artischocken waschen, zarte Stiele schälen, grobe abbrechen. Artischocken vierteln, das Stroh und die sehr feinen Blätter herausschneiden und die Artischocken sofort mit der Schnittfläche nach unten in den Saft legen. Salz und Agavendicksaft hinzufügen und das Gemüse aufkochen.

3 Die Artischocken zugedeckt bei mittlerer Hitze 20–25 Min. köcheln lassen. Sie sind gar, wenn sich die äußeren Blätter leicht abzupfen lassen.

TONKATOMATEN

400 g Cocktail-Strauchtomaten
1 EL Olivenöl
1 Zweig Rosmarin
2 TL Puderzucker
1 TL Tonkasalz
 (siehe S. 8; oder 1 TL Salz + 1 Msp. frisch geriebene Tonkabohne, Feinkostgeschäft)
schwarzer Pfeffer aus der Mühle

Für 4 Personen
5 Min. Zubereitung
12 Min. Backen
Pro Portion ca. 50 kcal

1 Den Backofen auf 180° vorheizen. Die Tomaten vorsichtig waschen (sie sollen an den Rispen hängen bleiben). Große Rispen nach Belieben teilen. Die Tomaten trocken tupfen, mit Öl einreiben, in eine feuerfeste Form setzen und leicht salzen.

2 Den Rosmarin waschen, trocken schütteln, die Nadeln abzupfen und fein hacken. Den Puderzucker mit Tonkasalz und Rosmarin mischen und die Tomaten mit der Mischung bestreuen. Die Tomaten 10–12 Min. im Ofen (Mitte) backen.

SPARGEL-KARTOFFEL-TARTE
MIT FRÜHLINGSPESTO

Dass Spargel und Kartoffeln ein Traumpaar sind, stellen
sie auch als knusprige Tarte unter Beweis. Frischen Wind
bringt hier ein scharfes Pesto aus Bärlauch, Basilikum
und Frühlingskräutern in die Beziehung.

800 g festkochende Kartoffeln
400 g TK-Blätterteig*
    (8 Scheiben à 12 × 12 cm)
1 kg grüner Spargel
5 EL Zitronensaft | Salz
2 EL Frühlingspesto
    (siehe S. 15; ersatzweise
    Bärlauchpesto aus dem Glas)
1 EL Aceto balsamico bianco
1–2 EL neutrales Pflanzenöl
1 EL Sesamsamen
Fleur de Sel
schwarzer Pfeffer aus der Mühle

AUSSERDEM:
Backpapier für die Bleche

Für 4 Personen
40 Min. Zubereitung
30 Min. Backen
Pro Portion ca. 610 kcal

1 Die Kartoffeln waschen und in reichlich Wasser zugedeckt bei mittlerer
Hitze in 25–30 Min. gar kochen. Die Blätterteigscheiben auf der Arbeitsfläche
nebeneinander auftauen lassen.

2 Inzwischen den Spargel waschen und die oberen 8 cm abschneiden (Rest
siehe Tipp). Die Stangen in einem Topf mit Dämpfeinsatz über kochendem
Wasser in 4–5 Min. bissfest dämpfen. Den Zitronensaft mit 1/2 TL Salz verrühren. Den Spargel in ein Sieb abgießen, kalt abschrecken und 10 Min. im
Zitronensaft marinieren. Den Backofen samt zwei Blechen auf 200° vorheizen.

3 Die Kartoffeln abgießen, etwas ausdampfen lassen, pellen und in Scheiben
schneiden. Die Kartoffeln mit Pesto und Essig verrühren und mit Salz würzen.

4 Zwei Lagen Backpapier bereitlegen. Jeweils 2 Scheiben Blätterteig leicht
überlappend nebeneinanderlegen und gut zusammendrücken. Die Teigränder
rundherum mit den Zinken einer Gabel eindrücken, die Platten mit Öl bestreichen und mit Sesam bestreuen. Die Kartoffelscheiben auf dem Teig verteilen und etwas andrücken. Die Spargelstangen abtropfen lassen und quer auf
die Tartes legen, sodass die Köpfe abwechselnd nach links und rechts zeigen.

5 Das Backpapier auf die Bleche ziehen. Die Tartes im Ofen 25–30 Min.
backen, dabei die Bleche mindestens einmal tauschen. Die fertigen Tartes
auf Teller setzen, mit Fleur de Sel und grob gemahlenem Pfeffer bestreuen
und servieren. Dazu passt ein einfacher Salat aus Brunnenkresse mit einem
Dressing aus Essig, Öl, Salz und Pfeffer.

RESTEVERWERTUNG DE LUXE

*Die übrigen Spargelteile können Sie beispielsweise in Olivenöl anbraten und in
einem Salat verwenden. Oder Sie ersetzen damit einen Teil des weißen Spargels
bei den Pistazienravioli, siehe S. 124.*

SÜSSKARTOFFEL-SCHUPFNUDELN
MIT ORIENTALISCHEM SAUERKRAUT

Endlich hält der Orient-Express auch einmal in Stuttgart! Hier krempelt er
einen schwäbischen Küchenklassiker gehörig um und bringt mit feinen
Gewürzen einen Hauch der großen, weiten Welt in heimische Regionen.

FÜR DIE SCHUPFNUDELN:
2 Süßkartoffeln (à ca. 300 g)
1 Msp. Zimtpulver | 1 Prise Cayenne-
pfeffer | 1 EL neutrales Pflanzenöl
150–180 g Weizenmehl (Type 405)
120 g Speisestärke | Salz

FÜR DAS SAUERKRAUT:
1 kg Sauerkraut (aus der Dose)
2 Zwiebeln | 1 EL neutrales Pflanzenöl
200 ml Gemüsebrühe (siehe S. 15)
50 ml trockener Weißwein
4–5 EL Agavendicksaft* | 1 Briefchen
Safranfäden | 3 getrocknete Chili-
schoten | 1 ausgekratzte Vanilleschote
5 Gewürznelken
2 EL getrocknete Berberitzen
 (ersatzweise getrocknete,
 gehackte Cranberrys)
250 ml Hafersahne*
edelsüßes Paprikapulver

AUSSERDEM:
Backpapier für den Rost
Salz | schwarzer Pfeffer aus der Mühle
200 g Räuchertofu*
4 EL neutrales Pflanzenöl
1–2 EL Sojasauce
ca. 1 EL Zitronensaft
2 Äpfel | 1–2 TL Agavendicksaft*

Für 4 Personen
1 Std. Zubereitung | 1 Std. Backen
Pro Portion ca. 895 kcal

1 Für die Schupfnudeln den Backofen auf 160° vorheizen. Die Süßkartoffeln
darin auf dem mit Backpapier ausgelegten Rost (Mitte) 1 Std. backen.

2 Die Süßkartoffeln herausnehmen und 10 Min. abkühlen lassen. Die Süßkartoffeln pellen, grob schneiden und fein pürieren. Zimt, Cayennepfeffer und
Öl unterrühren. 150 g Mehl und Stärke dazugeben und alles mit den Knethaken des Handrührgeräts zu einem geschmeidigen Teig kneten, dabei falls
nötig noch etwas Mehl dazugeben. Den Teig mit Salz abschmecken.

3 Das Sauerkraut abtropfen lassen. Die Zwiebeln schälen, fein würfeln und
in einem Topf in dem Öl bei mittlerer Hitze 3 Min. andünsten. Brühe und
Wein angießen, 4 EL Agavendicksaft, Safran, Chilischoten, Vanilleschote
und Nelken dazugeben und alles aufkochen.

4 Das Sauerkraut hinzufügen, mit etwas Salz würzen, zum Kochen bringen
und zugedeckt bei schwacher Hitze 10 Min. sanft köcheln. Nach 8 Min. Garzeit
die Berberitzen oder Cranberrys dazugeben und mitköcheln lassen.

5 Inzwischen in einem Topf reichlich Salzwasser aufkochen. Aus dem Süß-
kartoffelteig vier Rollen formen, jede in 2–3 cm lange Stücke schneiden und
diese zwischen den feuchten Händen zu fingerförmigen Nudeln mit spitzen
Enden rollen. Die Schupfnudeln im leicht siedenden Salzwasser in 5–7 Min.
bissfest garen, dann in ein Sieb abgießen und abtropfen lassen.

6 Den Tofu fein würfeln und in einer kleinen Pfanne in 1 EL Öl rundherum
braun braten. Die Sojasauce dazugeben und einkochen. Den Tofu mit Salz,
Pfeffer und Zitronensaft abschmecken und in ein Schälchen umfüllen.

112 HAUPTGERICHTE

7 Die Pfanne säubern. Die Äpfel waschen, halbieren, das Kerngehäuse entfernen und das Fruchtfleisch in Spalten schneiden. 1 EL Öl in der Pfanne erhitzen und die Apfelspalten darin 2–3 Min. anbraten. Den Agavendicksaft dazugeben und ein wenig karamellisieren. Die Apfelspalten mit ein paar Tropfen Zitronensaft beträufeln und in der Pfanne warm halten.

8 Das übrige Öl in einer großen Pfanne erhitzen und die Schupfnudeln darin 4–5 Min. rundherum anbraten.

9 Die Vanilleschote und die Gewürznelken aus dem Sauerkraut nehmen und die Hafersahne unterrühren. Das Sauerkraut mit Salz, Pfeffer, Paprikapulver und Agavendicksaft leicht süßlich abschmecken. Das Sauerkraut auf tiefe Teller verteilen, die Apfelspalten und Schupfnudeln daraufgeben und das Gericht mit den Tofuwürfeln bestreuen.

PAPRIKA-FENCHEL-STRUDEL
MIT MACADAMIACREME

Dieser Strudel ist nicht nur optisch ein Highlight! Unter dem hauchdünnen, knusprigen Teig verbirgt sich reichlich Gemüse, und die mediterranen Aromen zaubern Urlaubsstimmung auf den Teller.

3 Knoblauchzehen
100 g Macadamianusskerne
2 EL Zitronensaft
300 g Fenchel
1 rote Paprikaschote
150 g bunte Cocktailtomaten
1 Bund Salbei
50 g entsteinte schwarze Oliven
ca. 4 EL Olivenöl
2 1/2 EL Agavendicksaft* | Salz
schwarzer Pfeffer aus der Mühle
ca. 1 EL Aceto balsamico
5 Filoteigblätter
   (ca. 125 g; 30 × 30 cm)
1 TL Sesamsamen oder Schwarzkümmel (nach Belieben)

AUSSERDEM:
Backpapier für das Blech

Für 4 Personen
50 Min. Zubereitung
30 Min. Backen
Pro Portion ca. 465 kcal

1 Den Knoblauch schälen, 2 Zehen fein würfeln. Die dritte mit Macadamianüssen, Zitronensaft und 2 EL Wasser fein pürieren. Den Fenchel putzen, waschen und in mundgerechte Stücke schneiden. Die Paprika putzen, längs halbieren, entkernen, waschen und ebenfalls klein schneiden. Beides in einem Topf mit Dämpfeinsatz über kochendem Wasser 5 Min. dämpfen, abgießen, mit kaltem Wasser abschrecken und abtropfen lassen. Die Tomaten waschen. Den Salbei waschen, trocken schütteln, die Blätter abzupfen und etwas zerpflücken. Die Oliven halbieren.

2 Den Backofen auf 180° vorheizen. 2 EL Olivenöl in einer Pfanne erhitzen und Fenchel, Paprika, Tomaten, Salbei und Oliven darin 6–8 Min. anbraten. Den gehackten Knoblauch dazugeben und etwas mitbraten. 2 EL Agavendicksaft dazugeben und karamellisieren. Die Mischung mit Salz, Pfeffer und Aceto balsamico abschmecken. Die Macadamiacreme nochmals kräftig pürieren und mit Salz, Pfeffer und ein paar Tropfen Agavendicksaft abschmecken.

3 Auf einem mit Backpapier belegten Blech insgesamt 4 Filoteigblätter übereinanderlegen, dabei jeweils mit etwas Olivenöl bepinseln. In der Mitte quer einen 8–10 cm breiten Streifen Macadamiacreme daraufsetzen, dabei links und rechts einen Rand lassen. Das Gemüse auf der Creme verteilen (**Bild 1**). Die Seiten nach innen falten und den vorderen und den hinteren Teigrand über die Füllung schlagen (**Bild 2**). Die Oberfläche mit Olivenöl bepinseln. Das letzte Teigblatt darüberlegen und rundherum nach unten klappen (**Bild 3**).

4 Den Strudel mit Olivenöl bepinseln und nach Belieben mit Sesam oder Schwarzkümmel bestreuen. Den Strudel im heißen Backofen (Mitte) in ca. 30 Min. goldbraun backen.

5 Den Strudel aus dem Backofen nehmen und etwas abkühlen lassen. In acht Scheiben schneiden und paarweise auf Tellern anrichten (**Bild 4**). Dazu passt ein Salat aus Rucola und Kräuterblättchen mit bunten Cocktailtomaten und einem Zitronensaft-Öl-Dressing.

STEINPILZMAULTASCHEN
MIT MANGOLD-RADICCHIO-GEMÜSE

Manchmal braucht man etwas Herzhaftes zum Glück – nicht nur, wenn
die ersten Herbststürme kommen. Diese Maultaschen sind dafür zu jeder
Jahreszeit perfekt, denn Trockenpilze stehen immer zur Verfügung.

FÜR DIE MAULTASCHEN:
150 g Weizenmehl (Type 405)
150 g Hartweizengrieß
1/2 TL gemahlene Kurkuma
2 1/2 EL neutrales Pflanzenöl
20 g getrocknete Steinpilze
200 g vorwiegend festkochende
*   Kartoffeln*
2 Zwiebeln | 150 g Möhren
60 g Haselnusskerne
1 TL Agavendicksaft*
50 ml trockener Weißwein
*   (ersatzweise Gemüsebrühe)*
Salz | schwarzer Pfeffer aus der Mühle
1 Knoblauchzehe
1 TL edelsüßes Paprikapulver
1 EL Aceto balsamico

FÜR GEMÜSE UND ZWIEBELN:
300 g Mangoldblätter
200 g Radicchio | 3 Zwiebeln
Salz | 3 EL neutrales Pflanzenöl
schwarzer Pfeffer aus der Mühle
edelsüßes Paprikapulver
350 ml Gemüsebrühe (siehe S. 15)
4 EL Aceto balsamico
1 EL Agavendicksaft*

AUSSERDEM:
Weizenmehl zum Verarbeiten

Für 4 Personen
1 Std. 30 Min. Zubereitung
Pro Portion ca. 595 kcal

1 Für die Maultaschen Mehl, Hartweizengrieß, Kurkuma und 1/2 EL Öl mit 150 ml Wasser zu einem geschmeidigen Teig verkneten und 1 Std. ruhen lassen.

2 Die getrockneten Pilze 30 Min. in 250 ml Wasser einweichen. Die Kartoffeln waschen und mit Wasser bedeckt in 25–30 Min. gar kochen.

3 In der Zwischenzeit Zwiebeln und Möhren schälen und klein würfeln. Die Haselnüsse hacken. 1 EL Öl in einer Pfanne erhitzen, Zwiebeln, Möhren und Nüsse darin bei mittlerer Hitze 8 Min. anbraten. Den Agavendicksaft dazugeben und karamellisieren. Alles mit dem Wein ablöschen und weiterkochen, bis die Flüssigkeit verdampft ist. Die Mischung mit Salz und Pfeffer würzen und aus der Pfanne nehmen.

4 Den Knoblauch schälen und fein würfeln. Die Pilze ausdrücken und fein hacken – das Einweichwasser nicht weggießen. 1 EL Öl in der Pfanne erhitzen und die Pilze 3–4 Min. anbraten. Den Knoblauch kurz mitbraten. Alles mit der Einweichflüssigkeit ablöschen und diese vollständig verkochen.

5 Die Kartoffeln abgießen und im Topf etwas ausdampfen lassen. Die Kartoffeln pellen und recht fein würfeln. Das Gemüse und die Kartoffeln zu den Pilzen geben, Paprikapulver und Essig untermischen und die Masse mit Salz und Pfeffer kräftig abschmecken.

6 Den Teig in vier Portionen teilen und noch einmal mit etwas Mehl durchkneten. Den Teig mit der Nudelmaschine oder dem Nudelholz auf der bemehlten Arbeitsfläche zu vier etwa 1–2 mm dicken, 8–10 cm breiten Teigbahnen ausrollen. Auf zwei Bahnen im Abstand von 4–5 cm je sechs bis acht Portionen von je 2–3 EL Füllung setzen. Die anderen Teigplatten darüberlegen.

7 Den Teig über der Füllung leicht andrücken, mit den Fingerspitzen die Luft unter der oberen Teigbahn herausstreichen und den Teig um die Füllung herum verschließen. Mit einem Messer in rechteckige Maultaschen teilen und die Ränder rundherum mit einer Gabel gut andrücken. Auf einem mit Mehl bestäubten Küchentuch ruhen lassen.

8 Für das Gemüse den Mangold putzen, waschen und trocken schleudern. Die Stiele in dünne Scheiben, die Blätter in Streifen schneiden. Die Radicchioblätter grob zerpflücken. Die Blätter mit kochendem Wasser übergießen, kurz ziehen lassen, in ein Sieb abgießen und etwas ausdrücken. Den Radicchio ebenfalls in Streifen schneiden. Die Zwiebeln schälen, 1 Zwiebel fein würfeln, die übrigen in Ringe schneiden.

9 In einem großen Topf reichlich stark gesalzenes Wasser zum Kochen bringen. Die Maultaschen im leicht siedenden Wasser unter gelegentlichem Rühren ca. 15 Min. garen. Inzwischen die Zwiebelringe in einer Pfanne in 2 EL Öl in 6–8 Min. goldbraun braten. Die Zwiebeln mit Salz, Pfeffer und Paprika kräftig würzen, mit 200 ml Brühe ablöschen und etwas einkochen.

10 In einer zweiten Pfanne Zwiebelwürfel und Mangoldstiele im übrigen EL Öl anbraten. Die Mangoldblätter dazugeben und kurz schwenken. Die restliche Brühe angießen, aufkochen, Radicchio, Essig und Agavendicksaft dazugeben, alles kurz dünsten und mit Salz und Pfeffer abschmecken.

11 Das Gemüse auf vier Teller verteilen. Die Maultaschen mit einer Schaumkelle aus dem Wasser heben und auf das Gemüse legen. Mit Zwiebelringen und Zwiebelsud bedecken und servieren.

PASTINAKENGNOCCHI
AUF PFIFFERLINGSRAHM

Hier steht die halb vergessene Wurzel einmal im Mittelpunkt.
Und weil sie in der Hauptrolle uneingeschränkt überzeugen kann,
darf sie auch in Zukunft in der feinen Küche ganz vorne mitspielen.

FÜR DIE GNOCCHI:

350 g festkochende Kartoffeln
Salz | 250 g Pastinaken
frisch geriebene Muskatnuss
60 g Weizenmehl (Type 405)
60 g Speisestärke

FÜR DEN PFIFFERLINGSRAHM:

300 g Pfifferlinge | 4 Schalotten
2 EL neutrales Pflanzenöl
Zimtpulver
40 ml trockener Weißwein
*   (ersatzweise 30 ml Gemüsebrühe*
*   + 1 EL Aceto balsamico bianco)*
200 ml Gemüsebrühe (siehe S. 15)
400 ml Hafersahne*
2 EL Aceto balsamico bianco | Salz
schwarzer Pfeffer aus der Mühle
1–2 TL Agavendicksaft*

AUSSERDEM:

400 g Pastinaken
2 EL neutrales Pflanzenöl
40 ml trockener Weißwein
*   (ersatzweise 30 ml Gemüsebrühe*
*   + 1 EL Aceto balsamico bianco)*
1 EL Agavendicksaft* | Salz
schwarzer Pfeffer aus der Mühle
2 EL Semmelbrösel
2 EL grob gehackter Kerbel

Für 4 Personen
1 Std. 20 Min. Zubereitung
Pro Portion ca. 545 kcal

1 Für die Gnocchi die Kartoffeln schälen, vierteln und mit Salzwasser bedeckt in ca. 15 Min. gar kochen. Die Pastinaken putzen, schälen, in dicke Scheiben schneiden und 10 Min. mitkochen. Beides in ein Sieb abgießen, etwas abkühlen lassen und gründlich zerstampfen. Das Mus mit 1 knappen TL Salz und Muskatnuss würzen und mit Mehl und Stärke zu einem Teig verkneten. Den Teig zu vier Rollen formen, in 1–2 cm lange Stücke schneiden und den Gnocchi mit Gabelzinken die charakteristischen Rillen verleihen.

2 Für den Pfifferlingsrahm die Pilze gründlich putzen, gegebenenfalls waschen und trocken tupfen. Große Pilze halbieren. Die Schalotten schälen und fein würfeln. Das Öl in einem Topf erhitzen und Schalotten und Pfifferlinge mit 1 Prise Zimt darin 5 Min. anbraten. Alles mit dem Wein ablöschen, die Brühe angießen, zum Kochen bringen und kurz köcheln lassen. Die Sahne zugeben und die Sauce in 5–7 Min. dicklich einköcheln lassen.

3 Inzwischen in einem Topf reichlich Salzwasser erhitzen und knapp unter dem Siedepunkt halten. Die übrigen Pastinaken schälen und der Länge nach in dünne Spalten schneiden. 2 EL Öl in einer Pfanne erhitzen und die Pastinaken darin 5–7 Min. anbraten, bis sie schön gebräunt sind.

4 Mit dem Wein ablöschen, etwas einkochen und 3–4 Min. weiterbraten, bis die Pastinaken knapp gar sind. Den Agavendicksaft dazugeben und karamellisieren. Die Pastinaken mit Salz und Pfeffer würzen, die Semmelbrösel dazugeben, kurz mitbraten und die Pastinaken damit überziehen.

5 Die Gnocchi im leicht siedenden Salzwasser in ca. 5 Min. gar ziehen lassen. Den Essig unter den Pfifferlingsrahm rühren und die Sauce mit Salz, Pfeffer und Agavendicksaft abschmecken. Die Gnocchi mit einer Schaumkelle herausheben und abtropfen lassen. Den Rahm auf Teller verteilen, die Gnocchi und die Pastinaken darauf anrichten. Das Gericht mit Kerbel garnieren.

STEINPILZKNÖDEL
MIT KNUSPERZWIEBELN

Semmelknödel in Extraherzhaft – und trotzdem fein genug für ein Gästemenü: Das Aroma der Steinpilze und der Spinatschaum machen aus dem Arme-Leute-Essen eine Delikatesse.

FÜR DIE KNÖDEL:

*400 g TK-Steinpilze oder
    500 g frische Steinpilze
1 TL vegane Margarine*
80–90 ml Sojamilch*
200 g entrindetes Weißbrot
1 TL geschroteter Leinsamen*
2 Knoblauchzehen
1/2 Bund Petersilie
2–3 Zweige Rosmarin
4 EL Semmelbrösel*

FÜR DIE SPINATBEILAGEN:

*1 kg jungen Spinat
1 Zwiebel
150 ml Pflanzensahne* zum Kochen
1 rote Zwiebel
1 EL neutrales Pflanzenöl*

AUSSERDEM:

*neutrales Pflanzenöl zum Frittieren
Salz | schwarzer Pfeffer aus der Mühle*

*Für 4 Personen
1 Std. Zubereitung
Pro Portion ca. 410 kcal*

1 Für die Knödel TK-Pilze auftauen und gut abtropfen lassen. Frische Pilze mit Küchenpapier abreiben und putzen. Die Pilze in 1 TL Margarine bei mittlerer Hitze in 3 Min. goldbraun braten, abkühlen lassen und im Blitzhacker mit Pulsfunktion sehr grob zerkleinern oder mit einem Küchenmesser hacken.

2 Die Sojamilch lauwarm erhitzen. Das Weißbrot in kleine Würfel schneiden und mit 80 ml Sojamilch übergießen. Den Leinsamen in 2 EL Wasser mindestens 5 Min. quellen lassen.

3 Den Knoblauch schälen und zur Brotmischung pressen. Die Kräuter waschen und trocken schütteln und die Blätter bzw. Nadeln abzupfen. Die Petersilie grob, den Rosmarin sehr fein hacken.

4 Die Kräuter mit Pilzen, gequollenem Leinsamen und Semmelbröseln zur Brotmischung geben und mit den Händen zu einem festen Teig vermischen. Falls nötig, noch etwas Sojamilch zugeben. Den Teig mit Salz und Pfeffer würzen und zu acht golfballgroßen Kugeln formen.

5 In einem weiten Topf reichlich Salzwasser aufkochen und die Hitze reduzieren. Die Knödel vorsichtig hineingleiten lassen und zugedeckt bei schwächster Hitze in 15–20 Min. gar ziehen lassen.

6 Für die Spinatbeilage den Spinat verlesen, putzen, gründlich waschen und abtropfen lassen. 400 g in kochendem Salzwasser 5 Sek. blanchieren, in Eiswasser abschrecken und abtropfen lassen.

7 Die Zwiebel schälen und fein würfeln. Die Pflanzensahne erwärmen. Den blanchierten Spinat und die Hälfte der Zwiebelwürfel hinzugeben. Alles bis zum Servieren warm halten.

8 Die rote Zwiebel schälen und in 2–3 mm dicke Ringe schneiden. Reichlich Öl in einem kleinen Topf erhitzen, bis sofort viele kleine Bläschen an einem hineingehaltenen Holzstab aufsteigen. Die Zwiebelringe darin 2–3 Min. frittieren und auf Küchenpapier entfetten.

9 Die übrigen Zwiebelwürfel in einem Topf im Öl glasig schwitzen. Den Spinat hinzugeben und unter Rühren in 2–3 Min. zusammenfallen lassen. Den Spinat mit Salz und Pfeffer abschmecken.

10 Den Sahnespinat mit einem Pürierstab luftig aufmixen und mit Salz abschmecken. Spinatschaum und Spinatgemüse auf vier Teller verteilen, jeweils zwei Knödel daraufsetzen und alles mit den Knusperzwiebeln bestreuen.

UND WENN RESTE BLEIBEN?
Knödelreste können am nächsten Tag in wenig Öl oder Margarine als knusprige Beilage angebraten werden.

KÜRBISPASTA
MIT RUCOLA-CRANBERRY-PESTO

Cranberrys sind als Pestozutat die Entdeckung des Jahres. Sie ergänzen den herben Rucola perfekt und schließen auch mit dem mildsüßen Kürbis schnell Freundschaft. Mehr davon, bitte!

80 g geröstete Macadamianusskerne
60 g getrocknete Cranberrys
50 g Rucola
40 g Apfelchips
3 Knoblauchzehen
1 Bio-Zitrone
ca. 100 ml neutrales Pflanzenöl | Salz
schwarzer Pfeffer aus der Mühle
3–4 TL Agavendicksaft*
600 g Hokkaidokürbis
400 g Spaghetti

Für 4 Personen
35 Min. Zubereitung
Pro Portion ca. 865 kcal

1 Für das Pesto die Nüsse und die Cranberrys grob hacken. Den Rucola verlesen, waschen und trocken schleudern. Grobe Stiele entfernen und die Blätter mittelfein hacken. Die Apfelchips zerbröckeln. Den Knoblauch schälen und fein hacken. Die Zitrone heiß waschen und trocken reiben, die Schale fein abreiben und den Saft auspressen.

2 Nüsse, Cranberrys, Rucola, Apfelchips, Knoblauch, Zitronenschale und 2 EL Zitronensaft vermischen. 80 ml Öl unterrühren und das Pesto mit Salz, Pfeffer, 1–2 TL Agavendicksaft und wenig Zitronensaft abschmecken.

3 Den Kürbis waschen, putzen, den Stiel- und Blütenansatz entfernen. Den Kürbis halbieren, das faserige Innere mit den Kernen herausschaben und das Fruchtfleisch ca. 1 cm groß würfeln. Die Nudeln in reichlich kochendem Salzwasser nach Packungsanweisung bissfest garen.

4 Inzwischen den Kürbis in 2 EL Öl bei mittlerer Hitze 5–7 Min. anbraten, bis er knapp gar ist. 2 TL Agavendicksaft dazugeben und leicht karamellisieren. Alles mit 2 EL Zitronensaft ablöschen und mit Salz und Pfeffer würzen.

5 Die Nudeln in ein Sieb abgießen und wieder zurück in den Topf geben. Mit dem Pesto mischen und auf Pastateller verteilen. Die Kürbiswürfel darüberstreuen und die Pasta servieren.

KÜRBIS, KÜRBIS, KÜRBIS

Statt Hokkaidokürbis eignen sich genauso gut Mini-Patissons. Dafür einfach 12 Mini-Kürbisse waschen, putzen und halbieren, anschließend anbraten. Auch Butternutkürbis schmeckt gebraten sehr gut, sollte jedoch – im Gegensatz zu Hokkaido und Patisson – geschält werden.

PISTAZIENRAVIOLI
MIT SPARGEL UND MELISSE

Wer frische Aromen liebt, kommt an Melisse nicht vorbei. Zusammen mit Zitrone und Vermouth verleiht sie Spargel und fein gefüllten Ravioli genau den richtigen frühsommerlichen Touch.

FÜR DEN TEIG:

250 g Weizenmehl
(Type 405 oder Tipo 00)
250 g Hartweizengrieß
1 TL gemahlene Kurkuma
1 EL neutrales Pflanzenöl

FÜR DIE FÜLLUNG:

14 Knoblauchzehen
3 Bio-Zitronen
120 g Pistazienkerne
100 g Weißbrot vom Vortag
3 EL neutrales Pflanzenöl
2 TL Agavendicksaft* | Salz

AUSSERDEM:

500 g weißer Spargel
1 Bund Melisse
250 g Dattel- oder Cocktailtomaten
Weizenmehl zum Verarbeiten
Salz | 1 EL neutrales Pflanzenöl
40 g Pistazienkerne
1 EL Agavendicksaft*
40 ml Vermouth (z. B. Noilly Prat,
ersatzweise 30 ml Gemüsebrühe
+ 2 TL Zitronensaft)
schwarzer Pfeffer aus der Mühle

Für 4 Personen
1 Std. 30 Min. Zubereitung
Pro Portion ca. 900 kcal

1 Für den Teig Mehl, Hartweizengrieß, Kurkuma und mit 250 ml Wasser zu einem geschmeidigen Teig verkneten und 1 Std. ruhen lassen.

2 Für die Füllung 12 Knoblauchzehen schälen und in kochendem Wasser 5 Min. garen, in ein Sieb abgießen und abtropfen lassen. Die Zitronen heiß waschen und trocknen, die Schale abreiben und den Saft von 2 Zitronen auspressen (den Saft der dritten anderweitig verwenden). Die Pistazien in einer Pfanne ohne Fett hellbraun anrösten. Das Brot würfeln.

3 Knoblauchzehen, Zitronenschale, 4 EL Zitronensaft, Pistazien, Brot, Öl und Agavendicksaft mit dem Pürierstab fein pürieren. Die übrigen 2 Knoblauchzehen schälen, dazupressen und die Mischung mit Salz abschmecken.

4 Den Spargel schälen, die Enden abschneiden und die Stangen in mundgerechte Stücke schneiden. Den Spargel in einem Topf mit Dämpfeinsatz über kochendem Wasser in 4–5 Min. bissfest dämpfen, in ein Sieb abgießen, kalt abschrecken und abtropfen lassen. Die Melisse waschen, trocken schütteln und die Blätter abzupfen. Die Tomaten waschen.

5 Den Teig in sechs Portionen teilen und noch einmal mit etwas Mehl durchkneten. Den Teig mit der Nudelmaschine oder dem Nudelholz auf der bemehlten Arbeitsfläche zu sechs etwa 1 mm dicken Teigplatten ausrollen. Auf drei Platten im Abstand von 3–4 cm je 12 Portionen à 1 TL Pistazienmasse setzen. Die anderen Teigplatten darüberlegen, etwas andrücken, die Luft herausstreichen und die Teigränder fest verschließen. Mit einem Teigrädchen oder Messer Quadrate ausschneiden.

6 In einem großen Topf reichlich stark gesalzenes Wasser aufkochen und zugedeckt knapp unter dem Siedepunkt halten. In einer Pfanne das Öl erhitzen und die Tomaten darin ca. 3 Min. anbraten. Den Spargel und die Pistazien dazugeben und kurz mitbraten. 1 EL Agavendicksaft in der Pfanne karamellisieren. Mit Vermouth ablöschen, 4 EL Zitronensaft und 2 EL Wasser dazugeben. Das Gemüse mit Salz und Pfeffer würzen und bis zum Servieren warm halten.

7 Die Ravioli im leicht siedenden Wasser in 4–5 Min. gar ziehen lassen. Mit einer Schaumkelle herausnehmen, abtropfen lassen und auf Teller verteilen. Die Melisse kurz mit dem Gemüse in der Pfanne schwenken, alles über die Ravioli geben und sofort servieren.

MILDER KNOBLAUCH

Haben Sie keine Angst vor der großen Menge an Knoblauch! Durch das Blanchieren werden die Zehen sehr mild im Geschmack.

WANDELBARES GERICHT

Außerhalb der Spargelzeit schmecken die Ravioli auch mit gedämpftem Fenchel. Melisse kann durch Kerbel, Minze oder Basilikum ersetzt werden. Im Spargelgemüse schmecken auch Pinien- statt der Pistazienkerne gut.

PILZRISOTTO
MIT GEBRANNTEN PINIENKERNEN

Der italienische Klassiker bekommt hier neuen Crunch durch die leicht karamellisierten Pinienkerne.

FÜR DEN RISOTTO:
1,5 l nicht zu salzige Gemüsebrühe
(siehe S. 15)
150 g frische Steinpilze
(ersatzweise Shiitake- oder
Austernpilze oder Kräuterseitlinge)
1 Zwiebel
2 EL vegane Margarine*
250 g Risottoreis
150 ml trockener Weißwein
1 EL Hefeflocken*
Salz | weißer Pfeffer

FÜR DIE PINIENKERNE:
50 g Pinienkerne
2 EL Zucker
1 Prise Salz
1 TL vegane Margarine*

AUSSERDEM:
Backpapier
1–2 EL neutrales Pflanzenöl
4 Dessertringe
(7–11 cm Ø, nach Belieben)

Für 4 Personen
45 Min. Zubereitung
Pro Portion ca. 495 kcal

1 Die Gemüsebrühe aufkochen und bei schwächster Hitze warm halten. Die Pilze falls nötig mit Küchenpapier abreiben und putzen. Bei Shiitakepilzen die Stiele entfernen. Die Pilze in Scheiben schneiden.

2 Die Zwiebel schälen, sehr fein würfeln und in einem weiten Topf in der Margarine ca. 3 Min. anschwitzen. Den Reis zugeben und unter Rühren ca. 1 Min. glasig braten. Mit der Hälfte des Weins ablöschen und mit etwas Brühe aufgießen, sodass der Reis knapp bedeckt ist. Den Reis bei schwacher bis mittlerer Hitze köcheln lassen, dabei immer wieder umrühren.

3 Sobald die Flüssigkeit verkocht ist, die zweite Hälfte des Weins und etwas Brühe hinzufügen und weiterköcheln lassen. 25–30 Min. immer wieder etwas Brühe nachgießen und unter Rühren einkochen, bis der Reis gar und cremig, aber noch bissfest ist. Den Risotto vom Herd nehmen und mit Hefeflocken, Salz und weißem Pfeffer abschmecken. Die Pilze in einer Pfanne im Öl 3–4 Min. bei mittlerer Hitze anbraten.

4 Während der Risotto gart, die Pinienkerne in einer kleinen Pfanne ohne Fett hellbraun anrösten und herausnehmen. Zucker, 2 EL Wasser, 1 Prise Salz sowie die Margarine in die Pfanne geben und langsam schmelzen, dabei nicht umrühren, sondern die Pfanne nur etwas schwenken. Den Zucker leicht karamellisieren, die Pinienkerne unterrühren und alles auf Backpapier verteilen. Die Kerne auskühlen lassen und zerbröseln.

5 Die Dessertringe (falls verwendet) auf Teller stellen, den Risotto einfüllen und leicht andrücken. Einige Pilze und Pinienkerne darauf anrichten, den Ring abziehen. Alternativ den Risotto ohne Ring anrichten.

DAZU: GESCHMORTE ARTISCHOCKEN

Darf's ein bisschen mehr sein? Dann servieren Sie zu dem Risotto die geschmorten Artischocken (siehe S. 109) und Mangosenf (siehe S. 12) zum Dippen.

SESAM-ORANGEN-POLENTA AUF KICHERERBSENGEMÜSE

Wenn Norditalien kulinarisch auf den Orient trifft, kann nur Gutes dabei herauskommen. Überzeugen Sie sich selbst!

FÜR DAS GEMÜSE:

2 Zwiebeln | 1 Stange Lauch
1 Zucchino (ca. 250 g)
2 Dosen Kichererbsen
(à ca. 240 g Abtropfgewicht)
2 Stängel Petersilie
500 g Cocktailtomaten
2 EL Olivenöl | 2 EL Agavendicksaft*
1 EL Tomatenmark
2 Knoblauchzehen
400 ml Gemüsebrühe (siehe S. 15)
1–2 EL Zitronensaft
1–2 TL Ras el-Hanout
(Orientgeschäft)
40 g vegane Margarine* | Salz
schwarzer Pfeffer aus der Mühle

FÜR DIE POLENTA:

4 EL Sesamsamen
4–5 Orangen (davon 2 Bio-Orangen)
800 ml Gemüsebrühe (siehe S. 15)
3 Knoblauchzehen
1 EL Zitronensaft
Salz | Cayennepfeffer
1–2 TL Agavendicksaft*
200 g Schnellkoch-Polenta
40 g vegane Margarine*

AUSSERDEM:

Eisportionierer

Für 4 Personen
45 Min. Zubereitung
Pro Portion ca. 655 kcal

1 Für das Gemüse die Zwiebeln schälen und würfeln. Den Lauch putzen, in Ringe schneiden, waschen und abtropfen lassen. Den Zucchino waschen, putzen und würfeln. Die Kichererbsen abspülen und in einem Sieb abtropfen lassen. Die Petersilie waschen und trocken schütteln, die Blätter abzupfen und grob hacken. Die Tomaten waschen.

2 Das Olivenöl in einer Pfanne erhitzen und Zwiebeln, Tomaten, Lauch, Zucchini und Kichererbsen darin 5 Min. andünsten. Den Agavendicksaft und das Tomatenmark dazugeben und etwas karamellisieren. Dann die Knoblauchzehen schälen und dazupressen.

3 Die Brühe und 1 EL Zitronensaft angießen, die Tomaten etwas zerdrücken und das Gemüse 5 Min. köcheln lassen. Petersilie und Ras el-Hanout unterrühren und die Margarine im Gemüse schmelzen. Alles mit Salz, Pfeffer und Zitronensaft abschmecken und das Gemüse zugedeckt warm halten.

4 Für die Polenta den Sesam in einer Pfanne ohne Fett hellbraun rösten. Die Bio-Orangen heiß waschen, trocknen und die Schale abreiben. Alle Orangen auspressen und 300 ml Saft abmessen.

5 In einem Topf die Brühe erhitzen. Den Knoblauch schälen und dazupressen. Orangensaft und Zitronensaft zufügen und den Sud mit Salz, Cayennepfeffer und Agavendicksaft würzen. Die Polenta unter Rühren einstreuen und einige Min. weiterrühren, bis eine dickliche Masse entstanden ist. Die Margarine darin schmelzen, die Orangenschale und 2 EL Sesam unterrühren. Die Polenta mit Salz und Agavendicksaft abschmecken und ein paar Minuten stehen lassen, bis sie etwas fester wird.

6 Das Gemüse auf vier tiefe Teller verteilen. Von der Polenta mit einem Eisportionierer Kugeln oder mit zwei Esslöffeln Nocken abstechen und auf dem Gemüse anrichten. Das Gericht mit dem übrigen Sesam bestreuen.

QUINOA MIT BROKKOLIGEMÜSE UND CURRYSCHAUM

Das Andenkorn Quinoa hat inzwischen eine treue Fangemeinde, nicht nur bei Vegetariern und Veganern. Mit seinem leicht nussigen Geschmack bietet es Abwechslung zu Couscous, Amaranth & Co.

200 g Quinoa | Salz
400 g Brokkoli
250 g Austernpilze
4 Frühlingszwiebeln
1 Zwiebel
2 Knoblauchzehen
ca. 2 EL Agavendicksaft*
1–2 TL vegane gelbe Currypaste*
(je nach gewünschter Schärfe)
1/2 TL gemahlene Kurkuma
2 EL neutrales Pflanzenöl
schwarzer Pfeffer aus der Mühle
ca. 1 EL Aceto balsamico bianco
½–1 EL Zitronensaft
100 ml aufschlagbare Sojasahne*

AUSSERDEM:
4 Dessertringe (ca. 8 cm Ø)

Für 4 Personen
45 Min. Zubereitung
Pro Portion ca. 360 kcal

1 Die Quinoa in einem feinen Sieb waschen, in einem Topf mit 750 ml Wasser aufkochen und bei schwacher bis mittlerer Hitze 15–20 Min. köcheln lassen, bis die Flüssigkeit verdampft ist, dabei erst gegen Ende salzen. Die Quinoa nach Ende der Garzeit zugedeckt noch 5 Min. ziehen lassen.

2 Inzwischen den Brokkoli waschen und in kleine Röschen teilen, den oberen Teil des Stiels falls nötig schälen und in Scheiben schneiden. Den Brokkoli in einem Topf mit Dämpfeinsatz über kochendem Wasser in ca. 5 Min. bissfest dämpfen. In ein Sieb abgießen, kalt abschrecken und abtropfen lassen. Die Pilze putzen, falls nötig trocken abreiben und etwas zerpflücken. Die Frühlingszwiebeln putzen, waschen und in Ringe schneiden.

3 Für den Curryschaum Zwiebel und Knoblauch schälen und fein würfeln. Beides mit 1 EL Agavendicksaft, Currypaste, Kurkuma und 70 ml Wasser mit dem Pürierstab fein pürieren.

4 Das Gemüse in 1 EL Öl in der Pfanne 5–7 Min. bei mittlerer Hitze anbraten, bis die Pilze gar sind. Alles mit Salz, Pfeffer und Essig abschmecken und in eine Schüssel umfüllen. Die Frühlingszwiebeln kurz in dem übrigen EL Öl in der Pfanne anbraten und vom Herd nehmen. Die Quinoa mit Salz, Pfeffer und etwas Zitronensaft abschmecken.

5 Die Dessertringe auf vier Teller setzen, die Quinoa hineingeben und leicht andrücken, Die Frühlingszwiebeln drauflegen. Für den Curryschaum die Zwiebelmischung in einem Topf aufkochen. Die Sojasahne dazugeben und alles mit Salz, Pfeffer, Agavendicksaft, Zitronensaft und Essig abschmecken. Die Sauce mit dem Pürierstab schaumig aufschlagen, den Schaum in einem Kreis um die Dessertringe verteilen, zwischendurch immer wieder aufmixen. Das Gemüse darauf anrichten, die Dessertringe abziehen und alles servieren.

HIRSE-SATÉSPIESSE
MIT SMOKY-PEANUT-SALSA

Wenn Sie diese rauchig-fruchtige Salsa einmal probiert haben, werden Sie froh sein, dass die Menge großzügig berechnet ist. Sie hält sich mehrere Tage im Kühlschrank und kann wunderbar portionsweise eingefroren werden.

FÜR DIE HIRSE-SATÉSPIESSE:
150 g Hirse | 1 kleine Zwiebel
2–3 EL Speisestärke
1 EL Pflanzensahne* zum Kochen
1 gestr. TL gemahlene Kurkuma

FÜR DIE SMOKY-PEANUT-SALSA:
1 kleine frische rote Chilischote
(nach Belieben) | 200 g geräucherte
Erdnüsse (siehe S. 10) | 400 g stückige
Tomaten (aus der Dose)
1 Bio-Limette | 1/2 TL Agavendicksaft*
5 Stängel Koriandergrün

FÜR DEN SALAT:
2 kleine Romanasalatherzen
1/2 Salatgurke | 1 grüne Paprika-
schote | 3 Frühlingszwiebeln
4 Stängel Koriandergrün
1 kleine frische rote Chilischote
1 Bio-Limette | 2 EL Sojasauce
3 EL geröstetes Sesamöl
1 EL Rohrohrzucker
  (oder Agavendicksaft*)

AUSSERDEM:
Salz | schwarzer Pfeffer aus der Mühle
8 lange Holzspieße
neutrales Pflanzenöl zum Frittieren

Für 4 Personen
1 Std. 30 Min. Zubereitung
1 Std. Ziehen
Pro Portion ca. 675 kcal

1 Für die Spieße die Hirse heiß waschen, mit der doppelten Menge Wasser aufkochen und ca. 20 Min. ausquellen lassen.

2 Für die Salsa die Chilischote putzen, halbieren, entkernen, waschen und grob schneiden. Die Erdnüsse ohne Fett anrösten und grob hacken. Zwei Drittel mit der Chili und der Hälfte der Tomaten pürieren. Die übrigen Erdnüsse und Tomaten untermischen. Die Limette heiß waschen und trocknen, die Schale abreiben und den Saft auspressen. Beides zugeben und die Salsa mit Salz, Pfeffer sowie 1 Spritzer Agavendicksaft abschmecken. Den Koriander waschen, trocken schütteln, die Blätter fein hacken und unterheben.

3 Für die Spieße die Zwiebel schälen und fein würfeln. Die Hirse abkühlen lassen und mit nassen Händen zusammen mit Zwiebeln, Stärke, Pflanzensahne und Kurkuma zu einer klebrigen Masse verkneten. Falls nötig, noch etwas Speisestärke hinzufügen. Die Masse mit Salz und Pfeffer abschmecken und mit feuchten Händen zu acht Würsten rollen, die Spieße hineinstecken und die Hirsemasse etwas flach drücken. Die Spieße kalt stellen.

4 Für den Salat das Gemüse waschen und putzen. Die Salatblätter fein schneiden. Die Gurke halbieren, entkernen und in dünne Scheiben schneiden. Die Paprika in feine Streifen, die Frühlingszwiebeln in Ringe schneiden. Den Koriander waschen, trocken schütteln und die Blättchen hacken. Die Chilischote putzen und ohne Samen fein schneiden. Die Limette heiß abwaschen, trocknen, die Schale abreiben und den Saft auspressen.

5 Limettensaft und -schale mit Frühlingszwiebeln, Koriander, Chili, Sojasauce, Sesamöl und Zucker oder Agavendicksaft verrühren, dann salzen und pfeffern. Die Gurkenscheiben darin 1 Std. im Kühlschrank ziehen lassen.

6 1 Fingerbreit Öl in einer Pfanne stark erhitzen und die Hirsespieße darin in ca. 4 Min. rundum goldbraun frittieren. Salat und Paprika unter die Gurken mischen, die Spieße mit Salat und Salsa servieren.

132 HAUPTGERICHTE

GRANATAPFEL-NUSS-COUSCOUS MIT GEBRATENEN KÜRBISSPALTEN

Es lohnt sich, die im Orient beliebte Kombination von Granatapfel und Nüssen in deftigen Gerichten öfter einmal auf den Tisch zu bringen! Hier fügt sich süßlich gebackener Kürbis harmonisch in das Gericht ein.

FÜR DAS KRÄUTERÖL:

2 Knoblauchzehen
20 g gemischte Kräuter
(z. B. Basilikum, Petersilie, Minze)
120 ml Rapsöl (ersatzweise neutrales Pflanzenöl)
2 EL Zitronensaft
1 TL Agavendicksaft* | Salz

FÜR DEN COUSCOUS:

150 g Möhren | 2 Zwiebeln
2 Stangen Staudensellerie
2 Zweige Rosmarin
100 g Walnusskerne
1 Granatapfel
3 EL neutrales Pflanzenöl
1 EL Agavendicksaft*
3–4 EL Zitronensaft
300 ml Gemüsebrühe (siehe S. 15)
200 g Instant-Couscous | Salz
schwarzer Pfeffer aus der Mühle

AUSSERDEM:

800 g Hokkaidokürbis
3–4 EL neutrales Pflanzenöl
4 Zweige Rosmarin
4 TL Agavendicksaft*
1–2 EL Zitronensaft | Salz
schwarzer Pfeffer aus der Mühle
4 Dessertringe (ca. 8 cm Ø)

Für 4 Personen
40 Min. Zubereitung
Pro Portion ca. 910 kcal

1 Für das Kräuteröl den Knoblauch schälen und würfeln. Die Kräuter waschen, trocken schütteln und grob hacken. Beides mit Öl, Zitronensaft und Agavendicksaft pürieren und mit Salz abschmecken.

2 Für den Couscous die Möhren und Zwiebeln schälen und in feine Würfel schneiden. Den Staudensellerie waschen, putzen und ebenfalls würfeln. Den Rosmarin waschen, trocken schütteln und die Nadeln fein hacken. Die Walnusskerne ebenfalls hacken. Den Granatapfel halbieren, die Hälften umstülpen, die Kerne herauslösen und die weißen Innenhäute entfernen.

3 Den Kürbis waschen und putzen, den Stiel- und Blütenansatz entfernen. Den Kürbis halbieren, entkernen und das Fruchtfleisch in Spalten schneiden.

4 3 EL Öl in einem Topf erhitzen und die Zwiebeln darin ca. 3 Min. bei mittlerer Hitze anbraten. Gemüse, Walnüsse und gehackten Rosmarin dazugeben und ca. 5 Min. mitbraten. Den Agavendicksaft dazugeben und karamellisieren. Die Mischung mit 1 EL Zitronensaft und der Brühe ablöschen und alles zum Kochen bringen. Den Couscous einrühren. 100 g der Granatapfelkerne darüberstreuen, den Topf vom Herd nehmen und den Couscous zugedeckt in ca. 10 Min. gar ziehen lassen.

5 Inzwischen die Kürbisspalten in zwei Pfannen in je zwei Portionen nacheinander im Öl mit je 1 Zweig Rosmarin von beiden Seiten 3–4 Min. bei mittlerer Hitze anbraten. Je 1 TL Agavendicksaft dazugeben und etwas karamellisieren. Mit je 1–2 TL Zitronensaft ablöschen und mit Salz und Pfeffer würzen.

6 Den Couscous mit einer Gabel auflockern, mit Salz, Pfeffer und Zitronensaft abschmecken und mithilfe von Dessertringen auf vier Tellern anrichten. Um den Couscous etwas Kräuteröl träufeln. Die Kürbisspalten dekorativ dazulegen. Das Gericht mit ein paar Granatapfelkernen garnieren und servieren.

COUSCOUSPÄCKCHEN
MIT JOGHURTDIP

Wer bei Tisch sein Päckchen öffnet, wird mit einem wunderbar aromatischen Duft belohnt. Dazu ein kräuterfrischer Sojaghurt-Dip – so könnte er aussehen, der Veganerhimmel!

FÜR DIE PÄCKCHEN:

300 g Möhren
1 rote Paprikaschote
250 g Zucchini
250 g Seitan*
4 Frühlingszwiebeln
2 EL neutrales Pflanzenöl
je 2 Stängel Dill und Minze
400 ml nicht zu salzige Gemüsebrühe
  (siehe S. 15)
4 EL Vermouth
  (z. B. Noilly Prat; nach Belieben)
4 EL Zitronensaft | Salz
schwarzer Pfeffer aus der Mühle
1–2 TL Agavendicksaft*
250 g Instant-Couscous

FÜR DEN DIP:

250 g ungesüßter Sojaghurt*
1–2 EL Zitronensaft
je 1 Stängel Minze und Dill | Salz
schwarzer Pfeffer aus der Mühle
½ TL Agavendicksaft*

AUSSERDEM:

Backpapier für die Päckchen
2–3 EL Olivenöl zum Beträufeln

Für 4 Personen
1 Std. Zubereitung
Pro Portion ca. 505 kcal

1 Die Möhren putzen, schälen und in Scheiben schneiden. Die Paprika putzen, längs halbieren, entkernen, waschen und in mundgerechte Stücke schneiden. Beides in einem Topf mit Dämpfeinsatz über kochendem Wasser in ca. 5 Min. bissfest dämpfen. Das Gemüse in eine Schüssel füllen.

2 Den Backofen auf 200° vorheizen. Die Zucchini waschen und würfeln. Den Seitan in mundgerechte Scheiben schneiden. Die Frühlingszwiebeln putzen, waschen und in Ringe schneiden. 1 EL Öl in einer Pfanne erhitzen. Die Zucchini darin 3–4 Min. bei mittlerer Hitze anbraten und zu Möhren und Paprika geben. Die Frühlingszwiebeln 1–2 Min. braten, mit dem Gemüse mischen. Den Seitan in 1 EL Öl ebenfalls 3–4 Min. braten und herausnehmen.

3 Die Kräuter waschen, trocken schütteln und ohne die Stängel grob hacken und zur Gemüsemischung geben. In einem Topf die Brühe mit Vermouth (nach Belieben) und Zitronensaft aufkochen und mit Salz, Pfeffer und Agavendicksaft abschmecken. Den Couscous hineingeben und kurz köcheln lassen, bis er die Flüssigkeit aufgesaugt hat. Den fertigen Couscous zum Gemüse in die Schüssel geben und alles vermischen.

4 Die Mischung auf vier Bögen Backpapier (ca. 40 × 60 cm) verteilen, mit dem Seitan belegen, das Papier über der Füllung zusammenklappen und die Enden bonbonartig fest eindrehen, sodass die Päckchen geschlossen sind. Die Päckchen auf dem Blech im heißen Backofen (Mitte) 10 Min. garen.

5 Inzwischen für den Dip Sojaghurt und 1 EL Zitronensaft verrühren. Die Kräuter waschen, trocken schütteln, ohne die Stängel hacken und unterrühren. Den Dip mit Salz, Pfeffer, Agavendicksaft und Zitronensaft abschmecken. Die Päckchen auf Teller verteilen und mit dem Dip servieren. Die Päckchen erst bei Tisch öffnen und den Couscous mit Olivenöl beträufeln.

PINTO-DAL
MIT CHILI-KORIANDER-ROTKRAUT

Dals gehören so untrennbar zu Indien wie Reis. Die gewürzduftenden
Hülsenfruchtgerichte sind hier meist nur in der Linsenvariante bekannt.
Höchste Zeit, den Horizont etwas zu erweitern!

FÜR DAS PINTOBOHNEN-DAL:

400 g Pintobohnen (Wachtelbohnen)
200 g Tempeh*
1 1/2 Zitronen
2 EL Sojasauce
1 1/2 EL Nussmalz*
  (ersatzweise Gerstenmalz)
500 g Rotkohl
2 kleine frische rote Chilischoten
1/2 Bund Koriandergrün
3 1/2 EL Agavendicksaft*
2–3 EL Weißweinessig | Salz
1 Bund Frühlingszwiebeln
3 wilde Mangos (Bioladen)
  oder 1 Mango
40 g frischer Ingwer
4 Knoblauchzehen
2–3 EL neutrales Pflanzenöl
3 TL gelbe Senfsamen
3 TL Schwarzkümmelsamen
3–4 TL Currypulver
1 TL gemahlener Kreuzkümmel
400 ml Kokosmilch

Für 4 Personen
1 Std. Zubereitung
12 Std. Einweichen und Marinieren
1 Std. 10 Min. Garen
Pro Portion ca. 375 kcal

1 Am Vortag für das Dal die Pintobohnen in reichlich Wasser einweichen.
Den Tempeh in zwölf dicke Stifte schneiden. Die ganze Zitrone auspressen
und den Saft mit Sojasauce und Malz glatt rühren. Den Tempeh in dieser
Marinade wenden und mind. 12 Std., am besten über Nacht, marinieren,
dabei ein- bis zweimal wenden.

2 Ebenfalls am Vortag die äußeren Blätter des Rotkohls und den Strunk
entfernen. Den Rotkohl in sehr feine Streifen schneiden oder hobeln. 1 Chili
putzen, waschen und ohne Samen in feine Streifen schneiden.

3 Den Koriander waschen, trocken schütteln und die Blätter abzupfen. Einige
beiseitelegen, die übrigen hacken und mit Chili, 3 EL Agavendicksaft, Weißweinessig und 1 TL Salz mischen. Die Vinaigrette mit den Händen gut in den
Rotkohl einarbeiten und den Salat kalt stellen.

4 Am folgenden Tag für das Dal die Bohnen in reichlich frischem Wasser
ca. 45 Min. zugedeckt bei mittlerer Hitze vorkochen.

5 Inzwischen die Frühlingszwiebeln putzen, waschen und in feine Ringe
schneiden. Die Mango oder Mangos schälen, das Fruchtfleisch vom Kern
schneiden und in 1 cm große Würfel schneiden. Ingwer und Knoblauch
schälen und sehr fein würfeln. Die übrige Chilischote putzen, längs halbieren,
entkernen, waschen und fein schneiden.

6 Die Bohnen abgießen und in einem Sieb abtropfen lassen. Die Zitronenhälfte auspressen. 1 EL Öl in einem Topf erhitzen und Senfsamen, Schwarzkümmel, Currypulver und Kreuzkümmel darin unter Rühren 30 Sek. bei
mittlerer Hitze braten. Ingwer, Knoblauch, Chili und Frühlingszwiebeln hinzugeben und alles in 30 Sek. glasig braten.

7 Die Bohnen, die Kokosmilch und 200 ml Wasser zufügen, alles leicht salzen und zugedeckt bei mittlerer Hitze 25 Min. leise köcheln lassen. Dann die Mangowürfel einrühren und das Dal mit Salz, 1/2–1 TL Agavendicksaft, etwas Zitronensaft und Curry abschmecken.

8 Den Tempeh in einer beschichteten Pfanne in 1–2 EL Öl bei mittlerer Hitze in 2–3 Min. knusprig anbraten. Zum Ende die Marinade mit in die Pfanne geben und leicht einkochen. Das Rotkraut mit Salz abschmecken.

9 Das Dal auf vier tiefe Teller verteilen und das Rotkraut dekorativ als Nest darauf anrichten. Die Tempehstifte danebenlegen und das Ganze mit den beiseitegelegten Korianderblättchen garnieren.

ROTE LINSEN
MIT TOMATENSEITAN

Dieses Gericht ist von den Aromen der Cajunküche inspiriert und passt perfekt zu sommerlichen Menüs.

2 Knoblauchzehen
1/2 Bund Frühlingszwiebeln
150 g gelbe Paprikaschoten
2 Stangen Staudensellerie
1 kleine frische rote Chilischote
200 g Seitan*
100 g getrocknete Tomaten in Öl
   (+ 2 EL des Öls)
1 Zweig Rosmarin | Salz
schwarzer Pfeffer aus der Mühle
2–3 EL neutrales Pflanzenöl
250 g rote Linsen
150 g stückige Tomaten
   (aus der Dose)
2 Limetten
1 TL Agavendicksaft*

AUSSERDEM:
1 Dessertring (7–10 cm Ø)

Für 4 Personen
1 Std. Zubereitung
Pro Portion ca. 495 kcal

1 Den Knoblauch schälen und sehr fein würfeln. Die Frühlingszwiebeln putzen, waschen und in feine Ringe schneiden. Die Paprika putzen, halbieren, entkernen, waschen und fein würfeln. Den Sellerie putzen, waschen und in sehr feine Scheiben schneiden. Die Chili putzen, längs halbieren, je nach gewünschter Schärfe entkernen, waschen und fein würfeln.

2 Den Seitan in mundgerechte Stücke schneiden. Die getrockneten Tomaten mit 2 EL ihres Öls mit einem Pürierstab pürieren. Den Rosmarin waschen, trocken schütteln, die Nadeln abzupfen und fein hacken. Die Tomatenpaste mit dem Rosmarin verrühren und mit Salz und Pfeffer würzen.

3 In einem Topf 1 EL Öl erhitzen und den Knoblauch und die Hälfte der Frühlingszwiebeln darin in 1 Min. bei mittlerer Hitze glasig anschwitzen. Die Linsen zugeben und 30 Sek. mitbraten. Sellerie und Chili unterrühren, alles mit 200 ml Wasser und den Tomaten ablöschen, leicht salzen, aufkochen und zugedeckt bei mittlerer Hitze 10–20 Min. köcheln. Die Linsen sollen noch sehr bissfest sein.

4 Inzwischen 1 Limette auspressen, die andere in Spalten schneiden. Die Paprikawürfel sowie die übrigen Frühlingszwiebelringe und den Agavendicksaft unter das Linsengemüse mischen und alles mit Salz und Limettensaft abschmecken. Das Linsengemüse zugedeckt weitere 10 Min. auf der noch warmen Herdplatte ziehen lassen.

5 In der Zwischenzeit 1–2 EL Öl in einer Pfanne erhitzen und die Seitanscheiben darin portionsweise in je 1–2 Min. pro Seite knusprig braten. Die Pfanne vom Herd nehmen, die Tomatenpaste zugeben und gut mit dem Seitan mischen. Die Linsen mit dem Dessertring anrichten, den Seitan danebensetzen und mit den Limettenspalten garnieren.

GLASIERTER TOFU AN CASHEWSCHWARZKOHL

Der Trick mit dem Einfrieren sorgt für extra viel Geschmack: Im Eis verändert der Tofu seine Struktur und wird porig, sodass er die Würze der Sauce förmlich aufsaugt. Genau das Richtige für ein herzhaftes Wintergericht wie dieses!

400 g fester Naturtofu*
1 Bund Schwarzkohl
  (ca. 500 g, siehe Tipp)
1 Zwiebel
3 EL Cashewmus*
6 kleine oder 3 große Orangen
2–3 EL Pflanzenöl
Salz | 3 EL Sojasauce
1 TL Weißweinessig
2 TL Agavendicksaft*
schwarzer Pfeffer aus der Mühle

Für 4 Personen
45 Min. Zubereitung
12 Std. Gefrier- und Auftauzeit
15 Min. Garen
Pro Portion ca. 335 kcal

1 Am Vortag den Tofu einfrieren.

2 Am Tag des Kochens den Tofu wieder auftauen lassen. Den Schwarzkohl waschen und die groben Strünke abschneiden. Die Blätter längs halbieren und quer in sehr feine Streifen schneiden. Die Zwiebel schälen und fein würfeln. Das Cashewmus mit 250 ml Wasser glatt rühren. Die Orangen auspressen (ergibt 250–280 ml).

3 In einem weiten Topf oder einer Pfanne 1 EL Öl erhitzen und die Zwiebeln darin bei mittlerer Hitze in ca. 1 Min. glasig schwitzen. Die Kohlstreifen dazugeben und 30 Sek. mitbraten. Alles mit dem Cashewpüree und 1/3 des Orangensaftes ablöschen, salzen und zugedeckt bei schwacher Hitze ca. 10 Min. köcheln. Den Herd ausschalten und den Kohl 5 Min. weiterziehen lassen.

4 Den Tofu zwischen den Handflächen gut auspressen, trocken tupfen und in ca. 1 cm dicke Scheiben schneiden. In einer Pfanne 1–2 EL Öl erhitzen und den Tofu bei starker Hitze 2–3 Min. pro Seite anbraten. Mit 2 EL Sojasauce und der Hälfte des übrigen Orangensafts ablöschen. Die Flüssigkeit bei mittlerer Hitze einkochen, dann den Tofu, den übrigen EL Sojasauce und den Orangensaft zugeben und den Tofu 2–3 Min. glasieren, falls nötig nachsalzen.

5 Den Schwarzkohl mit Essig, Agavendicksaft, Salz und Pfeffer abschmecken. Abwechselnd 1 EL Schwarzkohl und 1 Scheibe Tofu hintereinander auf einem Teller anrichten und servieren. Dazu passen sehr gut die karamellisierten Tonkatomaten von S. 109.

SCHWARZ-, GRÜN- UND SONSTIGER KOHL

Schwarz- oder Palmkohl hat von Oktober bis Februar Saison, ist aber leider selten zu finden: Am ehesten bekommen Sie ihn in gut sortierten Bioläden oder auf dem Wochenmarkt. Alternativ können Sie Grünkohl oder Wirsing für dieses Gericht verwenden. Sehr fein wird's mit Spitzkohl.

GEBRATENER TEMPEH
UND GURKEN-WAKAME-GEMÜSE

Die Meeresalge Wakame ist nicht nur gesund, sondern auch sehr aromatisch. Wer Sushi mag, wird sie lieben, denn sie schmeckt nach Meer!

2 Salat- oder Landgurken
3 EL neutrales Pflanzenöl
1 TL getrocknete Wakame-Algen
(Bio- oder Asienladen) | Salz
100 ml Pflanzensahne* zum Kochen
1–1 1/2 EL geriebener Meerrettich
   (aus dem Glas)
2 EL + 1/2 TL Agavendicksaft*
2 Stängel Dill oder 1/2 Beet Kresse
   zum Garnieren
200 g Tempeh*
2 EL Sojasauce oder milde Shoyu
   (Bioladen, Asienladen)
1 EL Reisessig
schwarzer Pfeffer aus der Mühle

Für 4 Personen | 25 Min. Zubereitung
Pro Portion ca. 280 kcal

1 Für das Gurkengemüse die Gurken schälen, halbieren und die Samen mit einem Löffel herauskratzen. Die Gurkenhälften in ca. 1 cm breite Scheiben schneiden und in 1 EL Öl 2 Min. anbraten. Die Algen zugeben, alles leicht salzen und zugedeckt bei schwacher Hitze 20 Min. im eigenen Saft schmoren.

2 Inzwischen die Pflanzensahne erhitzen und den Meerrettich unterrühren. Die Sauce mit Salz und 1/2 TL Agavendicksaft abschmecken und warm halten.

3 Den Dill waschen, trocken schütteln und die Spitzen vom Stängel zupfen. Die Kresse vom Beet schneiden.

4 Den Tempeh vorsichtig in dünne Scheiben schneiden und in 1–2 EL Öl scharf anbraten. Mit der Sojasauce und 1 EL Agavendicksaft ablöschen und den Tempeh darin bei schwächster Hitze glasieren, bis die Sojasauce verkocht ist.

5 Die Meerrettichsahne mit einem Pürierstab aufschäumen. Das Gurkengemüse mit Salz, Pfeffer, Reisessig und 1 EL Agavendicksaft süßsauer abschmecken und auf vier Teller verteilen. Den Tempeh schuppenartig darauflegen, mit etwas Meerrettichschaum beträufeln und mit Dill oder Kresse garnieren. Den übrigen Meerrettichschaum in einer Sauciere dazu servieren.

DESSERTS

»Dafür findet sich im Bauch immer ein freies Plätzchen«, sagen viele und meinen damit den für sie ganz einfach unverzichtbaren Bestandteil eines Menüs: mindestens (!) einen Löffel Süßes zum krönenden Abschluss! Das Tolle an unseren Nachspeisen: Dass in ihnen rein gar nichts Tierisches enthalten ist, werden die meisten Ihrer Gäste vermutlich nicht einmal bemerken – sondern gleich nach einer zweiten Portion fragen.

ERDBEER-KOKOS-TRIFLE
MIT INGWERSTREUSELN

Mit knusprig gebackenen, ingwerwürzigen Streuseln, feiner
Kokoscreme und zitrusfrisch marinierten Erdbeeren verspricht
dieses Dessert vor allem eins: Schicht für Schicht Genuss!

FÜR DIE STREUSEL:

80 g Weizenmehl (Type 405)
30 g kernige Haferflocken
80 g brauner Rohrzucker
1 TL Ingwerpulver | Salz
50 g vegane Margarine*

FÜR DIE ERDBEEREN:

2 Bio-Limetten
20 g brauner Rohrzucker
500 g Erdbeeren
2 EL Agavendicksaft*

FÜR DIE CREME:

100 g feste Kokoscreme
  (Creamed Coconut, Asienladen)
2 EL Agavendicksaft*
250 g ungesüßter Sojaghurt*

AUSSERDEM:

Backpapier für das Blech

Für 4 Personen
40 Min. Zubereitung
Pro Portion ca. 585 kcal

1 Für die Streusel den Backofen auf 180° vorheizen. Mehl, Haferflocken, Zucker, Ingwerpulver und 1 Prise Salz mischen. Die Margarine in einem Topf schmelzen, die Mehlmischung dazugeben und mit einem Holzlöffel rühren, bis sich Streusel gebildet haben. Die Streusel auf einem mit Backpapier ausgelegten Blech im heißen Backofen (Mitte) in ca. 15 Min. goldbraun backen.

2 Die Limetten heiß waschen und trocken reiben. Die Schale mit einem Zestenreißer abziehen (oder mit einem Sparschäler abschälen und in feine Streifen schneiden) und den Saft auspressen. Die Limettenschale mit ein paar Tropfen Saft beträufeln, im Zucker wenden und beiseitestellen.

3 Die Erdbeeren waschen, Kelche entfernen und die Beeren je nach Größe halbieren oder vierteln. 2 EL Limettensaft mit dem Agavendicksaft verrühren und die Erdbeeren darin marinieren.

4 Für die Creme die Kokoscreme in einem Topf schmelzen, dann vom Herd nehmen und mit dem Agavendicksaft und dem restlichen Limettensaft sowie dem Sojaghurt verrühren.

5 Die Streusel abkühlen lassen. Die Hälfte der Erdbeeren auf vier Gläser verteilen und die Hälfte der Streusel daraufgeben. Erst die Creme, dann die übrigen Erdbeeren und Streusel daraufschichten. Die Trifles nach Belieben zugedeckt im Kühlschrank noch etwas durchziehen lassen, mit der gezuckerten Limettenschale bestreuen und servieren.

FRÜCHTE DER SAISON

Der Trifle schmeckt auch mit Himbeeren hervorragend.

ESPRESSOCREME
IM KEKSKÖRBCHEN

Die Creme, die hier elegant in einer eigens gebackenen Schale serviert wird, erinnert fast ein wenig an Eiskaffee: nicht zu süß, ein wenig herb und sehr Espresso-aromatisch!

FÜR DIE KEKSKÖRBCHEN:

70 g Bitterschokolade
(mind. 70 % Kakaoanteil)
30 g kalte vegane Margarine*
30 g Zucker | 2 TL Ei-Ersatzpulver*
(ersatzweise 1 EL Sojamehl*)
1 Msp. Backpulver
80 g Weizenmehl (Type 405)
1 Msp. Bourbonvanillepulver
1 Prise Salz | 2 cl zubereiteter Espresso

FÜR DIE ESPRESSOCREME:

400 g kalte aufschlagbare
Pflanzensahne*
3 Pck. Sahnefestiger
(bei Bedarf, Packungshinweis
der Sahne beachten)
4 cl zubereiteter Espresso
2 EL Agavendicksaft* (nach Belieben)

AUSSERDEM:

Weizenmehl zum Verarbeiten
Backpapier für das Blech
Dessertring oder runder Ausstecher
(ca. 12 cm Ø)
4 Silikon-Muffinförmchen
oder ein 6er-Muffinblech
Fett für das Muffinblech

Für 4 Personen
40 Min. Zubereitung
1 Std. Kühlen
12 Min. Backen
Pro Portion ca. 665 kcal

1 Für die Kekskörbchen die Schokolade im Wasserbad schmelzen. Die Margarine in Flocken mit der Hälfte der Schokolade und den übrigen Zutaten für die Körbchen mit den Knethaken des Handrührgeräts rasch zu einem glatten Teig verarbeiten und diesen zugedeckt 1 Std. kalt stellen.

2 Für die Espressocreme die kalte Sahne nach Packungsanweisung ggf. mit Sahnefestiger mit den Quirlen des Handrührgeräts steif schlagen. Den abgekühlten Espresso unterrühren, die Creme nach Belieben süßen und kalt stellen.

3 Ein Tablett mit Backpapier belegen und die übrige Schokolade darauf zu vier Kreisen (5–6 cm Ø) verstreichen. Bis zum Servieren kühl stellen.

4 Den Backofen auf 190° vorheizen. Den Teig auf wenig Mehl 0,5 cm dick ausrollen. Mit dem Ausstechring vier Plätzchen ausstechen. Die Silikon-Muffinförmchen umgedreht auf ein Blech setzen und die Plätzchen darüberlegen. (Falls ein Muffinblech verwendet wird, dieses umdrehen und die Ausstülpungen samt Zwischenräumen sorgfältig einfetten, dann die ausgestochenen Plätzchen darüberlegen.)

5 Die Körbchen 11–12 Min. im Backofen (Mitte) backen, herausnehmen und abkühlen lassen. Dann vorsichtig von den Förmchen lösen, mit der Espressocreme füllen und die Schokoladenplätzchen dekorativ aufsetzen.

VARIANTE: KUMQUAT-TIRAMISU

Für vier Personen die doppelte Menge Keksteig zubereiten, 0,5 cm dick ausrollen und in 18–20 Streifen von ca. 1,5 × 15 cm schneiden und auf Blechen mit Backpapier 10 Min. im vorgeheizten Backofen (Mitte) bei 190° backen, dann auskühlen lassen. 300 g Bio-Kumquats waschen und in 2–3 mm dicke Scheiben schneiden. Die Kerne entfernen. 2 EL Zucker in einem kleinen Topf bei mittlerer Hitze schmelzen, goldgelb karamellisieren, dann die Kumquats, 2 Stück Sternanis, 1 Zimtstange und 150 ml Orangensaft zugeben. Alles zugedeckt bei schwacher Hitze 10 Min. köcheln lassen. Den Herd ausstellen und das Kompott offen 10 Min. abkühlen lassen. Die Gewürze entfernen und den Saft in ein Gefäß abgießen. 450 ml aufschlagbare Pflanzensahne* steif schlagen (Packungsanweisung beachten und ggf. 2 Pck. Sahnefestiger zugeben). Den Boden einer Auflaufform (ca. 15 × 15 cm) locker mit einer Lage von sechs Keksen auslegen und mit einem Drittel des Saftes beträufeln. Ein Drittel der Sahne darauf verteilen und mit einem Hauch Zimtpulver bestäuben. Zwei weitere Schichten ebenso einschichten und mit Sahne abschließen. Die Kumquats auf dem Tiramisu verteilen. Das Dessert zugedeckt mindestens 4 Std. oder über Nacht kalt stellen.

SCHOKO-NOUGAT-MOUSSE
MIT MANGOSCHAUM

Mit CO_2 aus dem Siphon aufgeschäumt, signalisiert die Mango der Zunge: extrafruchtig! So wird sie zum perfekten Kontrast zur herb-üppigen Mousse.

FÜR DIE MOUSSE:
600 ml aufschlagbare Pflanzensahne*
3 Pck. Sahnefestiger
   (bei Bedarf; Packungsanweisung
   der Sahne beachten)
100 g vegane Nougatschokolade*
   (Bioladen)
200 g Bitterschokolade
   (mind. 70 % Kakaoanteil)
1 Msp. Bourbonvanillepulver
Agavendicksaft* (nach Belieben)
1–2 TL Agar-Agar*

FÜR DEN MANGOSCHAUM:
1 sehr reife Mango (ersatzweise
   150 g Mangomark, Bioladen)
Agavendicksaft* (nach Belieben)

AUSSERDEM:
1 Sahnesiphon
2 CO_2-Kartuschen
Früchte zur Deko (z. B. 4 Physalis
   oder 50 g Himbeeren)
1 Dessertring (Ø 8–11 cm)

Für 4 Personen
40 Min. Zubereitung
5 Std. Kühlen
Pro Portion ca. 995 kcal

1 Am Vortag oder morgens am Tag des Essens für die Nougatmousse 400 g Sahne steif schlagen. Die Schokolade hacken und im Wasserbad vorsichtig schmelzen. Die lauwarme Schokolade und das Vanillepulver unter die Sahne heben und die Mischung erneut gut aufschlagen. Sollte die Masse zu herb sein, mit Agavendicksaft süßen.

2 In einem kleinen Topf die übrige Sahne mit dem Agar-Agar verrühren, aufkochen und 1 Min. unter ständigem Rühren köcheln lassen. Sollte die Masse zu schnell eindicken, mit wenig Wasser verdünnen. Vom Herd nehmen und lauwarm abkühlen lassen, dabei immer wieder umrühren. Die Agar-Sahne unter die Schokoladensahne heben und alles erneut gut aufschlagen. Die Mousse mindestens 5 Stunden oder über Nacht kalt stellen.

3 Die Mango schälen, das Fruchtfleisch vom Kern schneiden und mit 100 ml Wasser sehr fein pürieren. Die Mischung (oder das fertig gekaufte Mangomark) durch ein feines Sieb passieren und gegebenenfalls mit etwas Agavendicksaft abschmecken.

4 Das Mangomark in den Sahnesiphon füllen und 2 CO_2-Kartuschen einsetzen. Gut schütteln und den Siphon mindestens 1 Std. kalt stellen.

5 Zum Servieren die Früchte falls nötig waschen und trocken tupfen. Portion für Portion den Dessertring auf je einen vorgekühlten Teller setzen, ein Viertel der Mousse einfüllen, mit einem Löffel etwas andrücken und den Ring abziehen. Jeweils etwas von der Mango-Air in eine Schüssel sprühen und mit einem Löffel vorsichtig als Spiegel um die Mousse herum verteilen. Das Ganze mit ein paar Früchten garnieren und sofort servieren.

SCHOKO-WASABI-MOUSSE
MIT MIRIN-BIRNE

Die Chili hat's längst bewiesen: Schokolade liebt Scharfes. Wasabi lenkt die Schärfe zusätzlich in Richtung frisch und macht diese Mousse zu einem Dessertgenuss der Extraklasse.

FÜR DIE MIRIN-BIRNEN:

4 Nashibirnen
20 g frischer Ingwer
6 EL brauner Rohrzucker
2 EL Limettensaft
120 ml Mirin
    (süßer Reiswein; Asienladen)

FÜR DIE MOUSSE:

100 g Bitterschokolade
    (mind. 70 % Kakaoanteil)
350 ml aufschlagbare Sojasahne*
50 g brauner Rohrzucker
1 Prise Salz
2 TL Wasabipaste
1 Pck. Sahnefestiger
    (bei Bedarf, Packungshinweis
    der Sahne beachten)

Für 4 Personen
50 Min. Zubereitung
12 Std. Ziehen und Kühlen
Pro Portion ca. 680 kcal

1 Am Vortag die Nashibirnen schälen, die Blütenansätze herausschneiden, die Stiele dranlassen. Den Ingwer schälen und in dünne Scheiben schneiden. 500 ml Wasser mit 4 EL Zucker, 1 EL Limettensaft, 50 ml Mirin und Ingwer aufkochen. Die Birnen darin bei schwacher bis mittlerer Hitze 18 Min. köcheln lassen, dabei gelegentlich wenden.

2 Inzwischen für die Mousse die Schokolade zerbrechen und mit 150 ml Sojasahne, Zucker und Salz in einem Topf bei schwacher Hitze schmelzen. Die Wasabipaste unterrühren und die Mischung lauwarm abkühlen lassen.

3 Die Birnen vom Herd nehmen. 50 ml Mirin dazugießen und die Birnen im Sud 12 Std. oder über Nacht ziehen lassen, dabei einmal wenden.

4 Inzwischen für die Mousse die übrige Sojasahne mit den Quirlen des Handrührgeräts schaumig schlagen. Sahnefestiger dazugeben und weiterschlagen, bis die Sahne steif ist. Die Sahne unter die abgekühlte Schokomasse heben und alles noch 1 Min. weiterschlagen. Die Mousse in vier Gläser füllen und ebenfalls über Nacht kühl stellen.

5 Die Birnen aus dem Sud nehmen. 100 ml von dem Sud abmessen und mit dem übrigen Zucker und Limettensaft und dem Mirin in 4–5 Min. sirupartig einkochen und etwas abkühlen lassen.

6 Vier längliche Dessertteller bereitstellen. Jeweils auf einer Hälfte einen Sirupspiegel anrichten und die Birnen daraufsetzen. Die Gläser mit Mousse auf die andere Seite des Tellers stellen. Das Dessert sofort servieren.

ZITRONENMOUSSE
MIT ROTWEINBIRNE

Wunderbar locker und dank Zitrone herrlich frisch kommt diese Mousse daher. Die Birne bringt nicht nur Farbe, sondern auch herb-warme Noten ins Spiel. Voilà: das perfekte Dessert für den Herbst – mit einem Hauch Erinnerung an den Sommer.

300 g kalte aufschlagbare Sojasahne*
1 1/2 Pck. Sahnefestiger
  (bei Bedarf, Packungshinweis
  der Sahne beachten)
1 Vanilleschote
4 EL Zucker
35 g Speisestärke
150 ml Pflanzenmilch*
2 Bio-Zitronen
200 ml trockener Rotwein
1 große Birne
1 Stängel Melisse zum Garnieren

Für 4 Personen
30 Min. Zubereitung
3 Std. Kühlen
Pro Portion ca. 435 kcal

1 Die Pflanzensahne nach Packungsanweisung (ggf. mit Sahnefestiger) aufschlagen und kühl stellen. Die Vanilleschote aufschneiden, das Mark herauskratzen, mit 2 EL Zucker und der Stärke mischen. Von der Pflanzenmilch 3 EL abnehmen und damit die Stärkemischung anrühren. Die übrige Milch zum Kochen bringen, die angerührte Stärke einrühren, 1 Min. unter Rühren weiterkochen und lauwarm abkühlen lassen, dabei gelegentlich umrühren.

2 Die Zitronen heiß abwaschen, trocknen und die Schale fein abreiben. 1 Zitrone auspressen. Zitronensaft und -schale unter den lauwarmen Pudding rühren und die kalte Sahne unterheben. Die Mischung nochmals gut aufschlagen und für 2–3 Std. in den Kühlschrank stellen.

3 Die übrigen 2 EL Zucker in einem Topf schmelzen und goldgelb karamellisieren. Mit dem Rotwein ablöschen und einmal aufkochen. Die Flüssigkeit 5 Min. bei mittlerer Hitze einkochen. Inzwischen die Birne waschen, vierteln und das Kerngehäuse entfernen. Die Viertel fächerförmig der Länge nach ein-, aber nicht durchschneiden und zum Rotwein geben. Den Topf vom Herd ziehen und die Birne bis zum Servieren zugedeckt im Rotwein ziehen lassen.

4 Die Melisse waschen, trocken schütteln und die Blättchen abzupfen. Die Mousse mit zwei Esslöffeln als Nocken auf vier Dessertteller verteilen. Die Birnenfächer danebensetzen und das Dessert mit Melisse garnieren.

WIRKLICH STEIF GESCHLAGENE PFLANZENSAHNE

Für dieses Rezept muss die Pflanzensahne sehr steif werden. Das geht mit Sojasahne meist besser als mit Reissahne, aber auch da gibt es Unterschiede. Falls Sie noch keine Erfahrung haben, welches Produkt am besten passt, nehmen Sie 1/3 der Sahne vor dem Verarbeiten ab und rühren Sie 1 TL Agar-Agar* hinein. Die übrige Sahne steif schlagen. Die Agar-Sahne bei mittlerer Hitze unter Rühren aufkochen, nach 1 Minute vom Herd ziehen und unter Rühren abkühlen lassen. Die restliche Sahne hinzufügen und alles aufschlagen.

SESAM-HIMBEERTRAUM MIT CASHEW-VANILLECREME

60 g Kakaobutter*
100 g schwarze Sesamsamen
5–6 EL Agavendicksaft*
300 g Himbeeren | 1 TL Agar-Agar*
200 g Cashewnüsse
1/2 TL Bourbonvanillepulver

AUSSERDEM:
4 Dessertringe (7–11 cm Ø)
Backpapier

Für 4 Personen
30 Min. Zubereitung
3 Std. Kühlen
Pro Portion ca. 660 kcal

1 Die Kakaobutter hacken und in einem kleinen Topf bei schwächster Hitze vorsichtig schmelzen. Den schwarzen Sesamsamen mit 4 EL Wasser und 2 EL Agavendicksaft mit dem Pürierstab nicht zu fein pürieren. 1/3 der Kakaobutter unterrühren. Einen großen Teller oder eine Kuchenplatte mit Backpapier belegen und die Dessertringe daraufstellen. Die Sesammasse auf die Ringe verteilen und glatt streichen.

2 Die Himbeeren mit 2–3 EL Agavendicksaft (je nach Süße der Beeren) in einem Topf zum Kochen bringen, den Agar-Agar unterrühren und die Mischung bei mittlerer Hitze 1 Min. unter Rühren kochen. Die Himbeersauce ebenfalls in die Dessertringe füllen und die Schichtdesserts im Kühlschrank in 10–15 Min. fest werden lassen.

3 In der Zwischenzeit die Cashewnüsse mit 100 ml Wasser, dem Vanillepulver und dem übrigen EL Agavendicksaft pürieren. Die restliche Kakaobutter unterrühren. Die Mischung vorsichtig auf die durchgekühlte Himbeerschicht geben und glatt streichen. Das Dessert mind. 3 Std. oder über Nacht im Kühlschrank fest werden lassen.

4 Vor dem Servieren die Törtchen mithilfe einer Palette vorsichtig von der Platte auf vier Teller heben und die Dessertringe abziehen.

SCHÖN GARNIERT
Besonders hübsch: Garnieren Sie das Dessert mit frischen Himbeeren und Melisseblättchen.

ROSMARIN-PFIRSICHE

1 Den Backofen auf 170° vorheizen. Die Pfirsiche waschen, halbieren und den Stein entfernen. Den Rosmarin waschen und trocken schütteln. Jede Pfirsichhälfte mit der Schnittfläche nach oben auf einen Bogen Pergament- oder Backpapier (20 × 20 cm) setzen. Jede mit 1 EL Ahornsirup beträufeln, mit 1 Msp. Vanillepulver bestreuen und mit 1 Zweig Rosmarin belegen.

2 Die Päckchen mit Küchengarn verschließen, auf ein Backblech setzen und im heißen Ofen (Mitte) 20 Min. backen.

3 Die Päckchen herausnehmen, öffnen und die Pfirsiche ohne Rosmarin auf Teller setzen. Sie können die Päckchen aber auch geschlossen auf Teller setzen und erst bei Tisch öffnen.

DAZU: KOKOSCREME

Für die Kokoscreme am Vortag 400 ml Kokosmilch in einem Topf erhitzen und glatt rühren. 1 TL Agavendicksaft*, 1/2 TL Agar-Agar* und 1 TL Guarkernmehl* hinzufügen und alles mit einem Schneebesen gut verrühren, sodass keine Klümpchen entstehen. 1/2 TL Bourbonvanillepulver ebenfalls hinzufügen und alles unter Rühren kurz aufkochen. Vom Herd nehmen und abkühlen lassen. Die Creme 1–2 Std. oder über Nacht im Kühlschrank fest werden lassen.

2 große, reife Pfirsiche
4 Zweige Rosmarin
4 EL Ahornsirup
1/2 TL Bourbonvanillepulver

AUSSERDEM:
Back- oder Pergamentpapier
Küchengarn

Für 4 Personen
30 Min. Zubereitung
20 Min. Backen
Pro Portion ca. 65 kcal

JOHANNISBEER-TONKA-TERRINE
IM CRÊPEMANTEL

Das ist das richtige Dessert für sommerliche Festtage! Nicht nur, weil es besonders hübsch anzusehen ist, sondern auch, weil die Tonkabohne mit ihrem warmen, vanilleartigen Aroma den perfekten Kontrapunkt zu den säuerlichen Beeren bietet.

FÜR DEN CRÊPETEIG:

1 TL vegane Margarine*
100 ml Sojamilch*
1 kleine Orange
50 g Weizenmehl (Type 405)
1 EL Zucker
1 TL Ei-Ersatzpulver*
  (ersatzweise Sojamehl*)
1 Prise Salz

FÜR DIE FÜLLUNG:

100 g rote Johannisbeeren
300 ml aufschlagbare Pflanzensahne*
1 1/2 Pck. Sahnefestiger
  (bei Bedarf; Packungshinweis
  der Sahne beachten)
ca. 1/4 Tonkabohne
  (Feinkostgeschäft)
2 gestrichene TL Agar-Agar*
Zucker (nach Belieben)

AUSSERDEM:

1 TL vegane Margarine* zum Braten
Terrinenform (900 ml Inhalt)

Für 4 Personen
45 Min. Zubereitung
4 Std. Kühlen
Pro Portion ca. 395 kcal

1 Für die Crêpes die Margarine in der Sojamilch in einem Topf bei schwacher Hitze schmelzen und abkühlen lassen. Die Orange auspressen. Alle trockenen Zutaten für den Crêpeteig vermischen und mit der abgekühlten Milchmischung und dem Orangensaft glatt rühren. Den Teig bis zur Verwendung kalt stellen.

2 Für die Füllung die Johannisbeeren vom Stiel zupfen, waschen und abtropfen lassen. Die Pflanzensahne nach Packungsanweisung aufschlagen, die Tonkabohne dazureiben (**Bild 1**). In einem kleinen Topf 80 ml Wasser mit dem Agar-Agar verrühren, aufkochen und 1 Min. unter Rühren kochen. Die Mischung unter Rühren 2–3 Min abkühlen lassen und unter die Sahne heben. Die Tonkasahne erneut gut aufschlagen und kalt stellen.

3 Für die Crêpes 1/2 TL Margarine in einer beschichteten Pfanne (ca. 26 cm Ø) schmelzen, die Hälfte des Crêpeteigs hineingeben und durch Schwenken gut verteilen. Den Crêpe in ca. 1 Min. hellbraun backen, wenden, weitere 10 Sek. von der anderen Seite backen und auf einem Teller abkühlen lassen. Aus dem übrigen Teig ebenso einen zweiten Crêpe backen.

4 Die Terrinenform mit den Crêpes auslegen (**Bild 2**). Die Sahne einfüllen, etwas andrücken und die Johannisbeeren darauf verteilen. Die Crêperänder darüberschlagen (**Bild 3**) und den Boden der Form einige Male auf die Arbeitsfläche klopfen. Die Terrine mindestens 4 Std., am besten über Nacht, im Kühlschrank durchziehen lassen. Vor dem Servieren aus der Form stürzen und in Scheiben schneiden (**Bild 4**).

TERRINE OHNE FORM

Falls keine Terrinenform zur Hand ist, lassen sich die Crêpes auch wie eine Biskuitrolle einrollen. Dafür die Crêpes leicht überlappend auf ein Tuch legen und später mit der Füllung zusammenrollen.

MAIBOWLENGELEE
MIT FRISCHEN BEEREN

**Überraschend erfrischend kommen diese großen Jellyshots daher.
Wer Waldmeisterbowle mag, wird dieses Dessert lieben!**

1/2 Bund frischer Waldmeister
300 ml trockener oder
halbtrockener Weißwein
300 g Himbeeren
1 Msp. Bourbonvanillepulver
2–3 EL Agavendicksaft*
1 TL Agar-Agar*
200 ml Sekt, Champagner
oder Prosecco

Für 4 Personen
25 Min. Zubereitung
12 Std. Welkzeit für den Waldmeister
30 Min. Ziehen
2 Std. Kühlen
Pro Portion ca. 155 kcal

1 Am Vortag den Waldmeister waschen und trocken schütteln. Einige Blüten und schöne Blätter zum Garnieren abzupfen und in einer verschließbaren Dose kalt stellen. Den Waldmeister 12 Std. oder über Nacht anwelken lassen.

2 Den Wein in ein Glasgefäß geben, den Waldmeister hineinlegen und 30 Min. ziehen lassen. Inzwischen die Beeren vorsichtig waschen und verlesen. Besonders schöne Beeren beiseitelegen, die übrigen pürieren, durch ein Sieb passieren und mit Vanille sowie 1–2 EL Agavendicksaft süßen. Das Püree kalt stellen.

3 Den Waldmeister aus dem Wein entfernen und wegwerfen. Den Wein mit dem Agar-Agar aufkochen und 1 Min. kochen, vom Herd nehmen und unter Rühren lauwarm abkühlen lassen. Den kalten Sekt vorsichtig unterrühren und die Flüssigkeit mit 1–2 EL Agavendicksaft abschmecken.

4 Vier Gläser kalt ausspülen und die beiseitegelegten Beeren mit der Öffnung nach oben dicht nebeneinander auf den Glasboden legen. Die Bowlenflüssigkeit darübergießen und das Gelee im Kühlschrank in 1–2 Std. fest werden lassen (dieser Schritt kann auch bereits einen Tag vor dem Essen vorbereitet werden).

5 Zum Servieren auf vier Teller je einen Himbeerspiegel geben und das Gelee aus den Gläsern daraufstürzen. Das Dessert mit den Waldmeisterblüten und/ oder -blättern garnieren und servieren.

MINZE STATT WALDMEISTER

Wenn Sie keinen Waldmeister finden, eignet sich auch frische Minze. Die Blättchen von 1 Stängel Minze waschen, trocken schütteln, in sehr feine Streifen schneiden und in die lauwarme Wein-Agar-Mischung geben. Mit Sekt auffüllen und fest werden lassen.

FROZEN HAFERJOGHURT MIT MACADAMIAKROKANT

Mithilfe von Milchsäurebakterien wird aus fein zermahlenen Haferflocken ein wunderbarer, rein pflanzlicher »Joghurt«. Auch wenn er sich von klassischem Joghurt unterscheidet: Mit seiner feinen Säure macht er sich perfekt pur oder im Dessert!

FÜR DEN JOGHURT:
150 g zarte Haferflocken
2 EL ungesüßter Sojaghurt*
500 g gemischte Beeren
(z. B. Himbeeren, Blaubeeren
*   und Erdbeeren)*
3 EL Zitronensaft
100 g brauner Rohrzucker
1 EL neutrales Pflanzenöl
1 EL Agavendicksaft*

FÜR DEN KROKANT:
80 g geröstete Macadamianusskerne
80 g brauner Rohrzucker

AUSSERDEM:
Eismaschine
Backpapier für das Blech

Für 4 Personen
45 Min. Zubereitung
48 Std. Ruhe- und Gefrierzeit
Pro Portion ca. 545 kcal

1 Die Haferflocken im Blitzhacker oder in der Küchenmaschine fein zermahlen und in einer Glas- oder Porzellanschüssel mit 450 ml lauwarmem Wasser verrühren. Den Sojaghurt unterrühren. Die Mischung mit einem Küchentuch zugedeckt bei Zimmertemperatur ca. 2 Tage stehen lassen, bis sie angesäuert ist.

2 Dann die Beeren verlesen, waschen, abtropfen lassen und von Stiel- und Blütenansätzen befreien. Erdbeeren halbieren. 300 g Beeren mit Zitronensaft und Zucker verrühren und fein pürieren. Das Beerenpüree durch ein Sieb streichen und zwei Drittel davon mit dem Haferjoghurt verrühren. Die Mischung erneut durchs Sieb streichen, mit Öl und Agavendicksaft verrühren und in der Eismaschine nach Anweisung des Geräts gefrieren lassen.

3 Inzwischen für den Krokant die Nüsse grob hacken. Den Zucker in einem Topf schmelzen und leicht karamellisieren. Die Macadamianüsse darin wenden. Die Masse auf ein mit Backpapier ausgelegtes Blech streichen, abkühlen lassen und grob hacken oder zerbröseln.

4 Den gefrorenen und cremig gerührten Haferjoghurt auf Dessertgläser oder -schalen verteilen und mit dem restlichen Beerenpüree beträufeln. Übrige Beeren und Macadamiakrokant darüberstreuen und servieren.

VARIANTE: FROZEN HAFERJOGHURT MIT MANGO

Dafür statt der Beeren 500 g Mangofruchtfleisch verwenden. 300 g davon wie beschrieben pürieren und den Rest würfeln. 200 g Püree direkt mit dem Haferjoghurt verrühren und erst dann durch ein Sieb streichen. Das Eis wie beschrieben zubereiten und mit den Mangowürfelchen servieren.

FROZEN HUGO

Wer Cocktails mag, wird diese gefrorene Version des Trendgetränks Hugo lieben. Die Himbeeren wirken hier wie kleine Eiswürfel – nicht nur im Sommer eine Erfrischung wert!

6 Stängel Minze
1 Bio-Zitrone
400 ml Holunderblütensirup
100 ml Mineralwasser
1 Bio-Limette
150 g TK-Himbeeren
700 ml kalter Prosecco

AUSSERDEM:
Eismaschine
Strohhalme zum Servieren

Für 4 Personen
20 Min. Zubereitung plus Gefrierzeit
Pro Portion ca. 343 kcal

1 Die Minze waschen, trocken schütteln oder tupfen und die Blätter von 2 Stängeln abzupfen. Die Zitrone heiß waschen und abtrocknen, die Schale abreiben und den Saft auspressen.

2 Die Minzeblättchen mit Holunderblütensirup sowie Zitronenschale und -saft im Mixer oder mit dem Pürierstab fein pürieren. Das Mineralwasser unterrühren und die Mischung in der Eismaschine gefrieren lassen.

3 Die Limette heiß waschen, trocken reiben und vierteln. Die restlichen Minzestängel in vier große Cocktailgläser stellen. Die Hälfte der Himbeeren und die Limettenviertel dazugeben.

4 Das gefrorene Holundersorbet auf die Gläser verteilen und mit Prosecco auffüllen. Die übrigen Himbeeren darauf verteilen. Den Eiscocktail sofort mit Strohhalmen und Dessertlöffeln servieren.

ORIGINALGETREU MIT MELISSE

Der Cocktail Hugo wird im Original mit Melissensirup hergestellt. Da dieser jedoch nicht überall erhältlich ist, hat sich die Version mit Holunderblütensirup allgemein durchgesetzt. Sollten Sie aber Melissensirup im Handel finden, können Sie diesen ebenfalls für dieses Dessert verwenden. Auch perfekt geeignet – aber noch seltener erhältlich – ist Rhabarbersirup.

MANDELEIS

150 g Mandelmus* | 150 g Dulce de Leche (siehe S. 13) | 100 ml Sojamilch* | 200 ml aufschlagbare Sojasahne* | 1 Pck. Sahnefestiger (bei Bedarf; Packungshinweis der Sahne beachten) | 80 g brauner Rohrzucker | 80 g Mandelstifte

AUSSERDEM:
Eismaschine | Backpapier

Für 4 Personen
35 Min. Zubereitung
30 Min. Kühlen plus Gefrierzeit
Pro Portion ca. 760 kcal

1 Mandelmus, 100 g Dulce de Leche und die Sojamilch verrühren. Die Sojasahne mit den Quirlen des Handrührgeräts leicht schaumig schlagen. Sahnefestiger (falls verwendet) dazugeben und weiterschlagen, bis die Sahne steif und schaumig ist. Die Sahne unter die Mandelmasse rühren und die Mischung in der Eismaschine nach Geräteanweisung gefrieren lassen.

2 Inzwischen für den Krokant den Zucker in einem Topf schmelzen und hellbraun karamellisieren. Die Mandelstifte untermischen. Die Mischung auf ein Blech mit Backpapier geben, glatt streichen und auskühlen lassen. Die ausgehärtete Karamellmasse mit einem Messer grob hacken.

3 Die Eismasse in eine Schüssel umfüllen. Zunächst das Mandelkrokant mischen, dann die übrige Dulce de Leche unterheben, sodass Karamellstreifen sichtbar bleiben. Das Eis 30 Min. ins Tiefkühlfach stellen und dann servieren.

NÜSSE NACH WAHL
Statt der Mandelstifte passen auch grob gehackte Macadamia- oder Pekannusskerne in das Eis.

ROTE-BETE-INGWER-EIS MIT SCHOKOSTÜCKCHEN

1 Die Roten Beten putzen, schälen, würfeln und in einem Topf mit Dämpfeinsatz über kochendem Wasser 10 Min. dämpfen. Die gegarten Roten Beten in ein Sieb abgießen und abkühlen lassen.

2 Den Ingwer schälen und in feine Würfel schneiden. Die Roten Beten und den Ingwer mit Sojamilch, Zucker und 2 EL Zitronensaft fein pürieren und die Masse durch ein feines Sieb passieren.

3 Die Sojasahne mit den Quirlen des Handrührgeräts schaumig schlagen. Sahnefestiger (falls verwendet) dazugeben und weiterschlagen, bis die Sahne steif und schaumig ist. Die Sahne unter die Rote-Bete-Masse rühren und nach Belieben noch mit etwas Zitronensaft abschmecken.

4 Die Rote-Bete-Creme in die Eismaschine geben und darin nach Geräteanweisung gefrieren lassen.

5 Inzwischen die Schokolade fein hacken und die Stückchen kurz vor Ende der Gefrierzeit zum Eis geben. Das fertige Eis vor dem Servieren falls nötig etwas antauen lassen und in Schälchen oder Gläsern servieren.

250 g Rote Beten
30 g frischer Ingwer
100 ml Sojamilch*
80 g brauner Rohrzucker
2–3 EL Zitronensaft
200 ml aufschlagbare Sojasahne*
1 Pck. Sahnefestiger
  (bei Bedarf; Packungshinweis
  der Sahne beachten)
100 g Bitterschokolade
  (mind. 70 % Kakaoanteil)

Für 4 Personen
25 Min. Zubereitung plus Gefrierzeit
Pro Portion ca. 430 kcal

DESSERTS

APFELPARFAIT MIT
APFEL-PASSIONSFRUCHT-KOMPOTT

Der doppelte Apfel: Einmal kommt er in diesem Dessert kalt und cremig daher, einmal warm und durch Maracuja superfruchtig. Wer hätte gedacht, dass unser aller Lieblingsobst so wandelbar ist?

FÜR DAS APFELPARFAIT:
400 g süße Äpfel
(z. B. Golden oder Red Delicious, Royal Gala, Pink Lady)
1/2 Zitrone
150 ml Pflanzensahne*
2 EL Rohrohrzucker
1 TL Guarkernmehl*
1 Msp. Bourbonvanillepulver
1 Msp. Zimtpulver
1 Prise Salz

FÜR DAS APFEL-PASSIONS-FRUCHT-KOMPOTT:
400 g süß-säuerliche Äpfel
(z. B. Elstar, Cox Orange)
1 Orange
1/2 Zitrone
2 EL Zucker
1 Prise Zimtpulver
1 Msp. Bourbonvanillepulver
1 EL Pflanzensahne* zum Kochen
2 Passionsfrüchte

AUSSERDEM:
Parfaitform (900 ml Inhalt)
oder kleine Kastenform
(15–20 cm Länge)

Für 4 Personen
45 Min. Zubereitung
8 Std. Gefrierzeit
Pro Portion ca. 295 kcal

1 Für das Parfait die Äpfel schälen, halbieren und die Kerngehäuse entfernen. Die Äpfel grob zerkleinern. Die Zitronenhälfte auspressen. Den Saft und die Äpfel mit den übrigen Parfaitzutaten fein pürieren und dann mit den Quirlen des Handrührgeräts in ca. 1 Min. luftig aufschlagen. Die Masse in die Parfaitform füllen und mind. 8 Std., am besten über Nacht, gefrieren lassen.

2 Für das Kompott die Äpfel schälen, halbieren und die Kerngehäuse entfernen. Die Äpfel in 1 cm große Würfel schneiden. Die Orange und Zitronenhälfte auspressen und den Saft mit dem Zucker in eine Pfanne oder einen weiten Topf geben. Alles aufkochen, dann bei starker Hitze ca. 2 Min. einkochen, bis der Zucker ganz leicht karamellisiert.

3 Äpfel, Zimt und Vanille dazugeben, durchschwenken und die Mischung 2 Min. bei mittlerer Hitze einkochen. Die Pflanzensahne zufügen und das Kompott ca. 5 Min. zugedeckt bei sehr schwacher Hitze köcheln lassen, bis die Äpfel weich, aber noch bissfest sind.

4 Die Passionsfrüchte halbieren, das Fruchtfleisch mit einem Löffel herauskratzen und unter die Äpfel mischen. Das Kompott lauwarm abkühlen lassen.

5 Das Parfait 30 Min. vor dem Servieren aus dem Gefrierfach nehmen und antauen lassen. Das angetaute Parfait in Scheiben schneiden, mit dem Kompott anrichten und servieren.

MIT KOKOSNOTE

Sie können das Parfait und das Kompott auch mit Kokosmilch anstelle von Pflanzensahne zubereiten.

ALFAJORES

100 g Weizenmehl (Type 405)
150 g Maisstärke
1/2 TL Backpulver | 1 Prise Salz
100 g weiche vegane Margarine*
75 g Puderzucker | 2 EL Sojamilch*
1 EL brauner Rum
200 g Dulce de Leche (siehe S. 13)
3 El Kokosflocken

AUSSERDEM:
Backpapier für das Blech

Für 16 Stück
55 Min. Zubereitung | 1 Std. Kühlen
Pro Stück ca. 170 kcal

1 Das Mehl mit Stärke, Backpulver und Salz mischen. Die Margarine in einer Rührschüssel mit den Quirlen des Handrührgeräts glatt rühren. Den Zucker dazugeben und kurz weiterrühren, dann Sojamilch und Rum untermischen.

2 Die Mehlmischung zufügen und zunächst mit dem Handrührgerät unterrühren, dann alles mit den Händen zu einem glatten Teig kneten. Den Teig zu einer Rolle (ca. 6 cm Ø) formen, in Frischhaltefolie wickeln und ca. 1 Std. im Kühlschrank kalt werden lassen.

3 Den Backofen auf 180° vorheizen. Von der Teigrolle mit einem scharfen Messer 32 ca. 5 mm dicke Scheiben abschneiden und auf 2 Bögen Backpapier legen. Die Bögen nacheinander auf ein Backblech ziehen und die Kekse im Backofen (Mitte) in zwei Portionen je 8–10 Min. backen (sie sollten noch hell sein). Die Kekse auf einem Kuchengitter auskühlen lassen.

4 Die Dulce de Leche gut durchrühren. Die Hälfte der Plätzchen damit bestreichen und die übrigen vorsichtig daraufsetzen. Die Alfajores mit den Rändern in Kokosflocken rollen und servieren. Sie schmecken frisch am besten.

SCHOKOKÜCHLEIN

1 Den Backofen auf 160° vorheizen. Den Leinsamen in die Sojamilch einrühren, aufkochen, vom Herd ziehen und zugedeckt quellen lassen. Mehl, Stärke, Backpulver, Mandeln und Kakaopulver mischen.

2 Die Schokolade in Stücke teilen und in einem Topf mit Zucker und Margarine schmelzen. Die Vanilleschote aufschlitzen, das Mark herauskratzen und zu der Schokoladencreme geben. Die Sojamilch- und die Mehlmischung unter die Schokoladencreme rühren.

3 Die Förmchen einfetten und mit Mehl ausstreuen. Die Hälfte des Teigs hineinfüllen. Jeweils in die Mitte eine Mulde drücken, je 1 TL Dulce de Leche hineinsetzen, den übrigen Teig darüber verteilen und die Teigränder mit einem Holzstäbchen vorsichtig durchrühren, damit sich die beiden Teigschichten gut verbinden. Die Schokoküchlein im heißen Backofen (Mitte) auf dem Rost 25 Min. backen.

4 Die Küchlein aus dem Ofen nehmen und einige Minuten ruhen lassen. Inzwischen die restliche Dulce de Leche in einem Topf erhitzen. Falls nötig etwas Wasser dazugeben, damit sie etwas flüssiger wird. Die Küchlein vorsichtig aus den Formen lösen und auf Tellern anrichten. Die übrige Dulce de Leche darüberträufeln und servieren.

2 EL geschroteter Leinsamen*
70 ml Sojamilch*
100 g Weizenmehl (Type 405)
30 g Speisestärke | 2 TL Backpulver
30 g gemahlene Mandeln
30 g Kakaopulver | 70 g Bitterschokolade (mind. 70 % Kakaoanteil)
90 g brauner Zucker
70 g vegane Margarine*
1 Vanilleschote

AUSSERDEM:
4 ofenfeste Förmchen (à 8 cm Ø)
Fett und Weizenmehl für die Formen
120 g Dulce de Leche (siehe S. 13)

Für 4 Personen
25 Min. Zubereitung
25 Min. Backen
Pro Portion ca. 610 kcal

DESSERTS

PFLAUMEN-CHAI-TARTE
MIT KOKOSTOPPING

Dieser Obstkuchen in sehrfruchtig, warmwürzig und nichtsosüß kommt nicht nur zum Dessert gerade recht, sondern macht sich auch bestens auf der Kaffeetafel.

FÜR DIE NUSSCREME:
1/2 Bio-Zitrone | 100 g Cashew-
nusskerne | 1 EL Ahornsirup
1 TL Kokosöl* | 150 ml Pflanzenmilch*

FÜR DEN BODEN:
200 ml Sojamilch* | 1 EL naturtrüber
Apfelessig* | 200 g Dinkelvollkorn-
mehl | 100 g Kokosblütenzucker*
(ersatzweise Rohrrohrzucker)
70 ml neutrales Pflanzenöl
1 Päckchen Backpulver | 1 Prise Salz

FÜR DEN BELAG:
2 Kardamomkapseln (ersatz-
weise 1 Msp. gemahlener
Kardamom) | 3 EL Kokosblütenzu-
cker* (ersatzweise Rohrrohrzucker)
1 Msp. Cayennepfeffer
1 Msp. geriebene Muskatnuss
4 TL Zimtpulver | 1 TL Bourbon-
vanillepulver | 3 EL Ahornsirup
2 TL neutrales Pflanzenöl
500 g gelbe oder blaue Pflaumen

AUSSERDEM:
neutrales Pflanzenöl für die Form
2 EL geröstete Kokoschips

Für 1 Tarte- oder Springform
(26–28 cm Ø)
30 Min. Zubereitung
45 Min. Backen
Bei 12 Stücken pro Stück 265 kcal

1 Für die Nusscreme die Zitrone heiß waschen und trocknen, die Schale abreiben und den Saft auspressen. Schale und Saft mit allen weiteren Zutaten für die Nusscreme mit einem Pürierstab fein pürieren. Die Creme kalt stellen.

2 Den Backofen auf 180° vorheizen. Für den Boden alle Zutaten mit den Quirlen des Handrührgeräts auf höchster Stufe zu einem glatten Teig verrühren und 2–3 Min. weiterschlagen. Die Form fetten und den Teig hineingießen. Den Boden im heißen Ofen (Mitte) 10–12 Min. backen.

3 Inzwischen für den Belag die Kardamomkapseln mit einem Messer öffnen und die Samen herauslösen. Die Samen im Mörser zerstoßen, mit Zucker und Gewürzen mischen, dann Ahornsirup und Öl unterrühren.

4 Die Pflaumen waschen, halbieren, entsteinen und in dünne Spalten schneiden. Den Boden aus dem Ofen nehmen und die Pflaumen fächerförmig darauf verteilen. Die Zucker-Gewürz-Mischung darüberstreuseln und die Tarte im heißen Ofen (Mitte) weitere 35 Min. backen.

5 Die Tarte aus dem Ofen nehmen und lauwarm abkühlen lassen. Die Creme in dekorativen Tupfen auf die noch leicht warme Tarte geben – zwischen den Tupfen etwas Abstand lassen. Mit den gerösteten Kokoschips bestreuen und komplett abkühlen lassen.

WEISSE ERDBEER-CHAMPAGNER-
PRALINEN

240 g vegane weiße Schokolade*
   (z. B. mit Reismilch; Bioladen)
125 g Erdbeeren | 4 EL Champagner
oder Prosecco | 1 EL Agavendicksaft*
1 Msp. Bourbonvanillepulver
1/2 TL Guarkern- oder
   Johannisbrotkernmehl*

AUSSERDEM:
20 Pralinenförmchen aus Papier
rosa Pfefferbeeren (Schinus)

Für 20 Stück
20 Min. Zubereitung | 30 Min. Kühlen
Pro Stück ca. 70 kcal

1 Den Backofen auf 110° vorheizen. 60 g Schokolade in 20 gleich große Stücke schneiden, auf die Pralinenförmchen verteilen und die Förmchen auf einen Teller setzen. Die übrige Schokolade grob hacken und in eine Keramik- oder Glasschüssel geben. Schüssel und Pralinenförmchen im Ofen (Mitte) 7–10 Min. erhitzen, bis die Schokolade in den Pralinenförmchen geschmolzen ist.

2 Inzwischen die Erdbeeren waschen, putzen, entkelchen und zusammen mit Champagner, Agavendicksaft, Vanillepulver und Guarkern- oder Johannis-brotkernmehl in einem hohen Gefäß pürieren.

3 Die Pralinenförmchen aus dem Ofen nehmen (die übrige Schokolade im ausgeschalteten Ofen stehen lassen). Mithilfe eines Löffelstiels die Schokolade in den Förmchen zu zwei Dritteln an den Rändern hochziehen und gleichmä-ßig am Boden verteilen. Die Förmchen für 10 Min. in den Kühlschrank stellen.

4 Jeweils 1/2 TL Erdbeermasse in den erstarrten Schokoladenförmchen verteilen und mit der rest-lichen Schokolade bedecken. Die Pralinen mit rosa Pfefferbeeren garnieren und weitere 15–20 Min. im Kühlschrank fest werden lassen. Kühl lagern.

HASELNUSS-CHILI-TRÜFFEL

1 Die Kakaobutter in einen kleinen Topf geben und bei schwacher Hitze schmelzen, dann abkühlen lassen.

2 Die Haselnüsse in einer beschichteten Pfanne ohne Fett leicht anrösten und noch warm in einem Mixer oder Blitzhacker fein mahlen. 2 EL Kakao hinzugeben und 3–4 Min weitermixen, bis die Masse leicht ölig wird. Zwischendurch den Mixer immer wieder ruhen lassen, damit er nicht zu heiß wird.

3 Agavendicksaft und flüssige Kakaobutter hinzugeben und mixen, bis die Masse dickcremig geworden ist. Die Pflanzenmilch nur kurz untermischen. Die Masse 3 cm dick auf einen Teller streichen und 30 Min. kalt stellen.

4 Das übrige Kakaopulver mit dem Cayennepfeffer mischen und auf einen Teller geben. Mit einem Teelöffel von der gekühlten Ganache Nocken abstechen, schnell zwischen den Handflächen zu Kugeln formen, in der Kakaomischung wälzen und in die Papierförmchen setzen und mit je 1 Haselnuss verzieren. Die Trüffeln kühl aufbewahren.

5 EL Kakaobutter*
130 g Haselnusskerne
5 EL Kakaopulver
3 EL Agavendicksaft*
4 EL Pflanzenmilch*
  (am besten Haselnuss)
1–2 Msp. Cayennepfeffer

AUSSERDEM:
20 Pralinenförmchen aus Papier
20 Haselnusskerne zum Garnieren

Für 20 Stück
20 Min. Zubereitung
30 Min. Kühlen
Pro Stück ca. 105 kcal

DESSERTS

APRIKOSEN-MOHN-SCHIFFCHEN

Diese feinen Blätterteigteilchen gelingen auch ungeübten Bäckern leicht. Trotzdem machen sie ganz schön was her.

4 Scheiben TK-Blätterteig*
   (200 g; 12 × 12 cm)
4 reife Aprikosen
80 g Marzipanrohmasse
30 g Bitterschokolade
   (mind. 70 % Kakaoanteil)
2 EL Puderzucker
3 EL Sojamilch*
60 g Dampfmohn
   (ersatzweise gemahlene
   Mohnsamen)
100 g Aprikosenkonfitüre
1 EL neutrales Pflanzenöl
1 TL Speisestärke
1/2 Vanilleschote

AUSSERDEM:
Backpapier für das Blech

Für 4 Personen
30 Min. Zubereitung
20 Min. Backen
Pro Portion ca. 540 kcal

1 Den Backofen samt Blech auf 180° vorheizen. Die Blätterteigscheiben nebeneinander auf der Arbeitsfläche auftauen lassen. In einem Topf Wasser zum Kochen bringen. Die Aprikosen an Ober- und Unterseite kreuzweise einritzen und 1–2 Min. in dem Wasser köcheln lassen. Dann herausnehmen, kalt abschrecken und abtropfen lassen. Die Haut mit einem Messer abziehen, die Aprikosen halbieren und entsteinen.

2 Das Marzipan in acht dünne Scheiben schneiden. Die Schokolade in acht gleich große Stücke brechen. Je 1 Stück Schokolade mit einer Scheibe Marzipan umwickeln, gut verschließen und in die Vertiefungen der Aprikosen drücken.

3 Den Puderzucker mit 1 EL Sojamilch verrühren. Den Mohn mit 60 g Konfitüre, den übrigen 2 EL Sojamilch, Öl und Speisestärke verrühren. Die Vanilleschote aufschlitzen, das Mark herauskratzen und untermischen.

4 Jede Blätterteigplatte mit der Teigrolle etwas größer ausrollen, auf Backpapier legen und mit der Zuckermilch bepinseln. Die Mohnmasse mittig in einem 5 cm breiten Streifen auftragen, dabei einen Rand lassen. Je 2 Aprikosenhälften mit der Öffnung nach unten daraufsetzen und gut andrücken. Die Teigränder zur Mitte hin einrollen und an den Enden zusammendrücken, sodass Schiffchen entstehen. Die Schiffchen außen mit der übrigen Zuckermilch bestreichen.

5 Das heiße Blech aus dem Backofen nehmen, das Backpapier auf das Blech ziehen und die Schiffchen im heißen Backofen (Mitte) in ca. 20 Min. goldbraun backen. Inzwischen die restliche Konfitüre erhitzen. Die Schiffchen aus dem Ofen nehmen und Aprikosen und Teigränder mit der heißen Konfitüre bepinseln. Die Schiffchen heiß oder lauwarm servieren.

RÖSTI MIT MOHNBRÖSELN UND PORTWEINGRÜTZE

50 ml Portwein
6 EL Zucker
4 1/2 EL Speisestärke
300 g gemischte TK-Beeren
750 g festkochende Kartoffeln
3 TL Salz | 1/2 TL Zimtpulver
6–8 EL neutrales Pflanzenöl
*50 g vegane Margarine**
80 g Dampfmohn
1 EL Semmelbrösel
*100 ml Hafersahne**

Für 4 Personen
35 Min. Zubereitung
Pro Portion ca. 715 kcal

1 Für die Grütze den Portwein mit 2 EL Zucker und 1/2 EL Stärke aufkochen. Die Beeren dazugeben, unter Rühren zum Kochen bringen und 3–4 Min. bei schwacher Hitze ziehen lassen. Bis zur Verwendung beiseitestellen.

2 Die Kartoffeln schälen und auf einer Gemüsereibe mittelfein raspeln. 3 EL Zucker, die übrige Stärke, Salz und Zimtpulver unterrühren.

3 Aus dem Kartoffelteig in zwei bis drei Portionen insgesamt 16 kleine Rösti (ca. 4 cm Ø) formen, diese in eine Pfanne mit jeweils 2–3 EL Öl setzen und bei mittlerer Hitze von beiden Seiten in je 2–3 Min. knusprig braun braten. Auf Küchenpapier entfetten. Die Pfanne danach mit Küchenpapier auswischen.

4 Für die Mohnbrösel die Margarine in der Pfanne zerlassen. Mohn, den übrigen EL Zucker und Semmelbrösel darin schwenken, bis es nach Röstaromen duftet. Die Hafersahne zugießen und kurz einkochen.

5 Je zwei Rösti auf die Teller setzen, die Mohnmischung daraufgeben und jeweils mit zwei weiteren Rösti bedecken. Die Portweingrütze um die Rösti verteilen und sofort servieren.

MANDELCRÊPES MIT BANANEN

1 Für die Crêpes den Leinsamen mit 300 ml kochendem Wasser übergießen und 5 Min. quellen lassen. Mehl, Stärke, Backpulver und 6 EL Zucker in einer Schüssel mischen. Mandelmus, Sojamilch, 2 EL Öl und die gequollenen Leinsamen mit der Einweichflüssigkeit unterrühren, sodass ein glatter Teig entsteht. Den Crêpeteig 10 Min. quellen lassen.

2 Inzwischen den Backofen auf 100° vorheizen. Die Mandelblättchen in einer Pfanne ohne Fett goldbraun anrösten. Die Bananen schälen und in Scheiben schneiden. Den übrigen Zucker in einer Pfanne schmelzen und leicht karamellisieren. Die Bananenscheiben zugeben und 1 Min. im Karamell schwenken, mit Zitronensaft ablöschen, herausnehmen und beiseitestellen.

3 Den Nougat in Scheiben schneiden. Die Pfanne säubern. Den Teig noch einmal gründlich verquirlen. Nacheinander aus dem Teig in wenig Öl vier Crêpes backen. Jeweils nach dem Wenden eine Hälfte mit Nougat und Banane belegen. Die fertigen Crêpes zweimal zusammenklappen und auf einem Teller im vorgeheiztem 7Backofen warm halten.

4 Sobald alle gebacken sind, die Crêpes nach Belieben mit gerösteten Mandelblättchen garnieren und servieren. Dazu passt Mandeleis (siehe S. 168).

8 EL geschroteter Leinsamen*
140 g Weizenmehl (Type 405)
4 TL Pfeilwurzelstärke*
1/2 TL Backpulver
8 EL brauner Rohrzucker
2 EL Mandelmus*
100 ml Sojamilch*
6 EL neutrales Pflanzenöl
2–3 EL Mandelblättchen
  (nach Belieben)
4 Bananen
ca. 1 EL Zitronensaft
200 g dunkler veganer Nougat*
  (ersatzweise Bitterschokolade,
  mind. 70 % Kakaogehalt)

Für 4 Personen
45 Min. Zubereitung
Pro Portion ca. 945 kcal

DESSERTS

MENÜS
UND GETRÄNKE

Für ganz unterschiedliche Anlässe haben wir für Sie zwölf fein abgestimmte Menüs zusammengestellt. Dazu gibt es auf der Seite rechts Informationen zu den passenden Getränken.

DAS PASSENDE GETRÄNK

Beim veganen Dinner lautet die erste Regel für die passende Begleitung zum Essen genau wie sonst auch: Das Getränk soll das Aroma des Gerichts ergänzen, nicht übertünchen.

Der Aperitif soll als Begrüßungsgetränk den Einstieg in eine angeregte Unterhaltung ermöglichen. Er kann gern schon einmal die eine oder andere Note des folgenden Menüs aufgreifen, und: Er darf prickeln! Champagner und Prosecco machen Lust auf das, was folgt. Bittere und herbe Aromen unterstützen das, denn sie regen den Appetit an. Gerade im Frühling und Sommer eignen sich darum Sekt-Aperol und Champagner-Blüten-Mischungen – gern aufgepeppt mit aromatischen Kräutern wie Minze und Waldmeister. Auch selbst gemachte alkoholfreie Limonaden, z. B. aus Kumquats oder Zitronen, sind ein wunderbarer Einstieg in einen eleganten Abend. Der alkoholfreie Hit zu jedem weihnachtlichen oder winterlichen Menü: heißer weißer Traubensaft, der wie Glühwein mit Zitronensaft und -schale, Zimt, Nelken und – für die besondere Note – Sternanis gewürzt wird.

Den richtigen Wein wählen

Am Beginn jeder Weinauswahl steht eine grundsätzliche Entscheidung: Soll eine Sorte das gesamte Menü begleiten, oder erhält jeder Gang den passenden Wein? In beiden Fällen soll er begleiten, also weder die Aromen des Gerichts übertünchen noch darin untergehen. Zu frischen Salaten, Pasta und asiatischen Gerichten eignen sich gerade im Sommer leichte Grau- und Weißburgunder. Im Winter darf es ruhig etwas schwerer und vollmundiger zugehen. Ein würzig-rauchiger Bordeaux passt beispielsweise wunderbar zu kräftigen Kräutern. Eine weitere Faustregel erleichtert die Weinentscheidung zusätzlich: Die beim Kochen verwendete Rebsorte sollte auch beim Essen im Weinglas landen. Wenn Sie sich nicht sicher sind, suchen Sie am besten einen erfahrenen Weinhändler auf. Er weiß genau, welche Weine gut zu Ihrem Menü passen, und kann wertvolle Tipps bei der Auswahl geben.

Geschönt? Klären!

In der veganen Küche ist allerdings ein zusätzlicher Aspekt zu beachten: Weine sollten niemals mit Gelatine, Hausenblase oder anderem tierischem Eiweiß wie Eiklar geklärt (»geschönt«) sein. Das gilt ebenso für Prosecco, Sekt und Champagner, aber auch für Fruchtsäfte und sogar Essige. Weil das Schönungsmittel nicht auf der Flasche deklariert werden muss und auf dem Etikett in der Regel noch nicht einmal deklariert ist, ob das Getränk überhaupt geschönt wurde, hilft nur Recherche. Fragen Sie also beim Weinhändler oder direkt bei Ihrem Lieblingswinzer nach.

Der gute Abschluss

Der Digestif soll »den Magen schließen«. Traditionell serviert man nach Ende der Mahlzeit Kräuterliköre oder Obstbrände – Letztere wie auch den klassischen Grappa eher in den warmen Monaten. Schwere Kräuterliköre passen wunderbar in die Herbst- und Winterzeit. Forschen Sie doch mal in Ihrer Region nach: Oft gibt es kleinere Manufakturen, die edle Brände in kleineren Auflagen herstellen.

Alkoholfreie Alternativen

Klassisch wird das Essen natürlich auch von Wasser begleitet. Das allein wird jedoch Gästen, die keinen Alkohol mögen, schnell langweilig. Hier ein paar Ideen: Im Sommer können Sie Wasser mit gefrorenen Fruchtscheiben und Kräuter-Frucht-Eiswürfeln Aroma geben. Auch selbst gemachte, nicht zu süße Eistees auf Basis von grünem, schwarzem oder Kräutertee eignen sich wunderbar zur Begleitung eines Menüs. Und als Digestif nach dem Essen eignen sich alkoholfreie Mixturen aus pürierten Beeren, Ingwer und Gewürzen wie Pfeffer oder Anis, aufgegossen mit Mineralwasser. Oder bieten Sie anstelle des »Kurzen« einen Espresso an. Der regt die Verdauung an und macht nach einem mehrgängigen Menü noch einmal munter.

MENÜS **183**

FRÜHLINGSMENÜ

1. Apfel-Weizen-Bällchen mit Minz-Raïta 35
2. Gurken-Minz-Sorbet mit gerösteten Pekannüssen 55
3. Spargelcarpaccio mit Radieschenvinaigrette 96
4. Maibowlengelee 162
und Weiße Erdbeer-Champagner-Pralinen 176

SOMMERMENÜ

1. Sommerrollen »Vietnam Style« 42
2. Mango-Gazpacho 85
3. Paprika-Fenchel-Strudel mit Macadamiacreme 114
4. Erdbeer-Kokos-Trifle mit Ingwerstreuseln 148

HERBSTMENÜ

1. Crostini mit Mandelcreme und Trauben 20
2. Kürbisflan mit Pistazien 79
3. Steinpilzmaultaschen mit Mangold-Radicchio-Gemüse 116
4. Pflaumen-Chai-Tarte mit Kokostopping 174
5. Haselnuss-Chili-Trüffel 177

WINTERMENÜ

1. Getrüffelte Rote-Bete-Röllchen mit Meerrettichreisfüllung 39
2. Gewürzpolenta-Ecken mit Kürbismayonnaise 66
3. Kichererbsencreme 92
4. Gefüllte Süßkartoffeln mit Mangold und Trüffelcreme 99
5. Kumquat-Tiramisu 151

JAPANISCH INSPIRIERTES MENÜ

1. Temaki-Sushi mit »Kaviar« und Wasabi-Tofu 44
2. Hirse-Sushi mit Avocado und Gurke 46
3. Erbsen-Wasabi-Creme 89
4. Gebratener Tempeh und Gurken-Wakame-Gemüse 144
5. Schoko-Wasabi-Mousse mit Mirin-Birne 154

MEDITERRANES KRÄUTERMENÜ

1. Mediterrane Gemüsetimbale mit Basilikumöl 28
und geschmorten Artischocken 109
2. Warmer Kichererbsensalat mit Blumenkohl-Tomaten-Gemüse 63
3. Pistazienravioli mit Spargel und Melisse 124
4. Frozen Hugo 166

MENÜS **185**

ZUM NACHSCHLAGEN:
ZUTATEN DER VEGANEN KÜCHE

Agar-Agar: Pflanzliches Geliermittel aus einer Algenart, erhältlich als Pulver oder Flocken im Supermarkt, Bioladen oder Reformhaus.

Agavendicksaft oder Agavensirup: Ersetzt Zucker oder Honig als Süßungsmittel und süßt dabei stärker als Honig. Je heller der Sirup, desto neutraler schmeckt er. Im Bioladen oder Reformhaus erhältlich.

Blätterteig, veganer: Im Supermarkt oder Bioladen ist butter- und eifreier Blätterteig meistens als TK-Ware erhältlich. Pflanzliche Margarine ersetzt die Butter. Enthaltenes Lecithin (Emulgator) sollte pflanzlich sein (z. B. Sojalecithin).

Apfelessig: Klare Sorten können »geschönt«, also mit Gelatine oder anderen tierischen Eiweißstoffen geklärt sein. Das muss nicht in der Zutatenliste angegeben sein. Daher am besten naturtrüben, ungefilterten Essig oder als vegan gekennzeichnete Produkte kaufen.

Cashewmus ▶ Nussmus

Currypaste: In ganz Südostasien beliebt, bei uns aber meist aus Thailand als rote, grüne oder gelbe Paste in Asien- und Bioläden erhältlich. Traditionell hergestellt, enthält sie häufig

Garnelenpaste. Es gibt aber auch vegane Varianten, besonders häufig von der gelben Paste. Ein Blick auf die Zutatenliste verschafft Klarheit.

Ei-Ersatzpulver: Wirkt wie Ei bindend und lockernd und ist je nach Produkt auch aufschlagbar. Im Reformhaus oder gut sortierten Bioladen erhältlich.

Glutenpulver: Auch »Seitanpulver«. Aus Weizenmehl hergestellt; als Bindemittel und zur Herstellung von Seitan. Gibt es im Bioladen, Reformhaus und gelegentlich in traditionellen Bäckereien.

Guarkernmehl: Pflanzliches Bindemittel aus Bioladen oder Reformhaus, das kalte und warme Speisen bindet. Dosierung wie Johannisbrotkernmehl. Siehe auch ▶ Pfeilwurzelstärke

Hafersahne ▶ Pflanzensahne

Hefeflocken: Erhältlich in Bioladen oder Reformhaus. Schmecken dezent »käsig«; sind reich an B-Vitaminen. Nicht zu verwechseln mit Hefeextrakt und Bierhefeflocken.

Johannisbrotkernmehl: Pflanzliches Binde- und Verdickungsmittel aus den Früchten des Johannisbrotbaumes. Bindet kalte und warme Flüssig-

keiten. 1 TL dickt 200 ml Wasser, Säfte oder Saucen leicht ein. Siehe auch ▶ Guarkernmehl; ▶ Pfeilwurzelmehl

Kakaobutter: Das Fett der Kakaobohnen, das einen sehr niedrigen Schmelzpunkt hat. Wichtig in der feinen Patisserie, zur Herstellung von Schokolade, Ganache und Cremes. Erhältlich im Reformhaus oder Bioladen oder über das Internet.

Kokoscreme: Püriertes reines Kokosnussfleisch. Erhältlich im Bioladen.

Kokosblütenzucker: Wird manchmal auch fälschlich als Palmzucker bezeichnet, wird aber anders als dieser aus den Blüten der Kokospalme hergestellt. Der braune, unraffinierte Zucker hat eine deutliche Karamellnote. Erhältlich im Bio- oder Asienladen.

Kokosöl: Sehr hitzebeständiges Öl aus Kokosnüssen, daher gut zum Braten geeignet. Am besten ist das native Bio-Kokosöl, das nicht erhitzt, chemisch behandelt, desodoriert, gehärtet oder gebleicht wird. Es besitzt ein leichtes Kokosaroma, das besonders zu asiatischen Gerichten gut passt.

Leinsamen: Geschrotet eignet er sich gut, um beim Backen von Kuchen, Pfannkuchen und Crêpes das Ei als

Bindemittel zu ersetzen. Im Rezept einfach 1 Ei durch 1 EL geschroteten Leinsamen ersetzen und die Samen 10 Min. in 3 EL heißem Wasser einweichen. Anschließend unter den Teig rühren.

Mandelmus: Aus geschält oder ungeschält gemahlenen Mandeln (weiß oder braun), im Bioladen erhältlich. Wird mit Wasser verdünnt als sahnige Sauce verwendet, pur als Brotaufstrich und in Smoothies, mit Eiswürfeln püriert als Mandeleis. Siehe auch ▶ Nussmus

Margarine, vegane: Pflanzliche Margarine gibt es in Supermarkt und Bioladen. Aber Achtung: Manchmal werden ihr Milcheiweiß, Joghurt oder Vitamin D_3 (ggf. aus Wollwachs) zugesetzt, sodass sie nicht in jedem Fall vegan ist. Informationen über garantiert rein pflanzliche Produkte gibt es im Internet.

Nougat: Industriell hergestellter Nussnougat enthält meist Magermilchpulver. Dunkler Nougat ohne tierische Zutaten, nur auf Basis von Nüssen und Kakaobestandteilen, ist in einigen Supermärkten, Bioläden oder in speziellen veganen Onlineshops erhältlich.

Nussmus: Muse aus Nüssen wie Cashew-, Erd- und Haselnüssen sowie Mandeln gibt es im Bioladen häufig pur, gesüßt oder gesalzen. Fürs Kochen und Backen eignen sich am besten die ungesüßten, ungesalzenen Sorten. Siehe auch ▶ Mandelmus

Pfeilwurzelstärke: Stärkehaltiges und säurestabiles Binde- und Verdi-

ckungsmittel aus den Wurzeln der Arrowrootpflanze. Auf 250 ml Flüssigkeit 2–3 TL Pfeilwurzelstärke in wenig kaltem Wasser auflösen, unterrühren und alles kurz aufkochen. Siehe auch ▶ Guarkernmehl, ▶ Johannisbrotkernmehl

Pflanzenmilch: Milchartige Flüssigkeit aus Soja, Reis, Kokos, Hafer, Dinkel, Mandeln oder Quinoa. Zum Backen wegen der Triebkraft am besten Sojamilch verwenden. Die meisten Sorten sind in Supermarkt, Bioladen und Reformhaus gut erhältlich.

Pflanzensahne: Soja-, Hafer- und Dinkelsahne zum Kochen sind in Supermarkt, Bioladen und Reformhaus gut erhältlich. Als aufschlagbar gekennzeichnete Sorten gibt es meistens nur im Bioladen. Bei manchen wird außerdem Sahnefestiger benötigt (siehe Packungsaufschrift).

Schokolade: Dunkle Schokolade ab 70 % Kakaoanteil ist im Gegensatz zu Milchschokolade meist frei von tierischen Zutaten. Helle oder gar weiße rein pflanzliche Schokolade (oft mit Reismilch hergestellt) ist nur in einigen Biosupermärkten und Reformhäusern oder in veganen Onlineshops erhältlich.

Seitan: Gewürztes Weizeneiweiß (Gluten), das ähnlich wie Fleisch verwendet wird. Im Bioladen und Reformhaus erhältlich.

Sojaghurt: Joghurtähnliches Produkt auf Basis von Sojamilch. Achten Sie darauf, dass er ungesüßt ist, wenn Sie ihn in herzhaften Gerichten einsetzen möchten. Abgetropft lässt er sich

wie Quark verwenden. Erhältlich im Bioladen und Supermarkt.

Sojamehl: Gibt es vollfett aus der ganzen Bohne (aus dem Bioladen) oder entfettet mit höherem Proteingehalt (aus dem Supermarkt). Lockert und bindet als Ei-Ersatz beim Kochen und Backen.

Sojamilch ▶ Pflanzenmilch

Sojasahne ▶ Pflanzensahne

Tempeh: Stammt ursprünglich aus Indonesien und besteht aus gekochten Sojabohnen, die mit einem Speiseschimmelpilz geimpft und fermentiert werden. Roh erinnert der sehr milde Geschmack an Pilze, meist wird Tempeh aber gewürzt und gebraten. Er ist im Bio- oder Asienladen erhältlich.

Tofu: Wird aus Sojamilch hergestellt, die zum Gerinnen gebracht und dann entwässert wird. Je nach verbleibendem Feuchtigkeitsgehalt unterscheidet man den weich-cremigen Seidentofu vom festen, zu Blöcken gepressten Naturtofu. Räuchertofu schmeckt herzhaft, Naturtofu dagegen ist fast geschmacklos und sollte kräftig gewürzt werden. Tofu ist ein wichtiger Eiweißspender.

Trüffel: Werden von manchen Veganern abgelehnt, weil diese Edelpilze von Hunden oder Schweinen gesucht werden. Falls Sie Tierhaltung generell für problematisch halten, verzichten Sie auf Trüffel oder benutzen Sie ersatzweise günstige Trüffelöle, die meist nur mit künstlichen Aromastoffen hergestellt werden.

REGISTER DER REZEPTE UND HAUPTZUTATEN

A

Alfajores 172

Äpfel
Apfelparfait mit Apfel-Passionsfrucht-Kompott 170
Apfel-Weizen-Bällchen 35
Knoblauchscones mit Apfel-Kapern-Dip 22
Lauwarmer Linsensalat mit Äpfeln und Salbei-Gremolata 60
Pumpernickel-Cracker mit Apfel-Birnen-Rosenkohl 78

Aprikosen-Mohn-Schiffchen 178
Artischocken, Geschmorte 109

Auberginen
Auberginen-Piccata mit Kartoffel-Zitronen-Stampf 102
Auberginenröllchen mit Erbsen-Minz-Püree 36
Mediterrane Gemüsetimbale mit Basilikumöl 28

Avocados
Gefüllte Avocados 34
Hirse-Sushi mit Avocado und Gurke 46
Sommerrollen »Vietnam Style« 42

B

Bananen: Mandelcrêpes mit 181
Bärlauchstampf 100
Basis-Gemüsebrühe 15
Beeren: siehe auch Erdbeeren
Maibowlengelee mit frischen Beeren 162
Rösti mit Mohnbröseln und Portweingrütze 180
Sesam-Himbeertraum mit Cashew-Vanillecreme 158

Birnen
Gegrillte Birnenspalten im Thymian-Taco 24
Paté-Praline auf Birnen-Ingwer-Relish 74
Pumpernickel-Cracker mit Apfel-Birnen-Rosenkohl 78
Schoko-Wasabi-Mousse mit Mirin-Birne 154
Zitronenmousse mit Rotweinbirne 156

Blattsalat mit gebratenem Spargel und Rhabarberdressing 52

Blumenkohl
Warmer Kichererbsensalat mit Blumenkohl-Tomaten-Gemüse 63
Garam-Masala-Blumenkohl mit Pflaumen-Ingwer-Chutney 106
Wirsing-Quinoa-Päckchen auf Blumenkohlcreme 104

Brokkoligemüse, Quinoa mit 131

C | D

Cashewcreme, Gurken-Riesling-Shots mit 84
Cashew-Vanillecreme, Sesam-Himbeertraum mit 158
Champignons: siehe Pilze
Champignon-Ceviche 48
Chutney: Garam-Masala-Blumenkohl mit Pflaumen-Ingwer-Chutney 106

Couscous
Couscouspäckchen mit Joghurtdip 136
Granatapfel-Nuss-Couscous mit gebratenen Kürbisspalten 134

Crêpes
Johannisbeer-Tonka-Terrine im Crêpemantel 160
Mandelcrêpes mit Bananen 181
Crostini mit Mandelcreme und Trauben 20
Dulce de Leche 13

E

Eis
Apfelparfait mit Apfel-Passionsfrucht-Kompott 170
Frozen Haferjoghurt mit Macadamiakrokant 165
Frozen Haferjoghurt mit Mango (Variante) 165
Frozen Hugo 166
Gurken-Minz-Sorbet mit gerösteten Pekannüssen 55
Mandeleis 168
Melonen-Koriander-Sorbet (Variante) 55
Rote-Bete-Ingwer-Eis mit Schokostückchen 169

Erbsen
Auberginenröllchen mit Erbsen-Minz-Püree 36
Erbsen-Wasabi-Creme 89

Erdbeeren
Erdbeer-Kokos-Trifle mit Ingwerstreusein 148
Weiße Erdbeer-Champagner-Pralinen 176
Espressocreme im Kekskörbchen 150

F

Feigen: Rotweinfeigen 26

Fenchel
Fenchelcarpaccio mit Granatapfel 49
Paprika-Fenchel-Strudel 114
Frozen Haferjoghurt mit Macadamiakrokant 165
Frozen Haferjoghurt mit Mango (Variante) 165
Frozen Hugo 166
Frühlingspesto 15
Frühlingszwiebel-Pfannküchlein mit Rübchen-Erdnuss-Salat 82

G

Garam-Masala-Blumenkohl mit Pflaumen-Ingwer-Chutney 106
Gari (Tipp) 46
Gebratener Tempeh und Gurken-Wakame-Gemüse 144
Gebratener Zucchinisalat mit Cranberrys und Nüssen 50
Gefüllte Avocados 34
Gefüllte Champignons mit Kartoffel-Olivenöl-Schaum 72
Gefüllte Süßkartoffeln mit Mangold und Trüffelcreme 99
Gegrillte Birnenspalten im Thymian-Taco 24
Gelbe Paprikasuppe mit Schnittlauchnocken 88
Gemüsebrühe, Basis- 15
Gemüsetimbale, Mediterrane, mit Basilikumöl 28
Geschmorte Artischocken 109
Getrüffelte Rote-Bete-Röllchen mit Meerrettichreisfüllung 39

Gewürzpolenta-Ecken
   mit Kürbismayonnaise 66
Glasierter Radicchio 108
Glasierter Tofu an
   Cashewschwarzkohl 142
Gnocchi: Pastinakengnocchi
   auf Pfifferlingsrahm 118
Granatäpfel
   Fenchelcarpaccio mit Granatapfel 49
   Granatapfel-Nuss-Couscous mit
      gebratenen Kürbisspalten 134
Gurken
   Gebratener Tempeh und Gurken-
      Wakame-Gemüse 144
   Gurken-Minz-Sorbet mit
      gerösteten Pekannüssen 55
   Gurken-Riesling-Shots mit
      Cashewcreme 84
   Hirse-Sushi mit Avocado
      und Gurke 46

H

Haselnuss-Chili-Topping 12
Haselnuss-Chili-Trüffel 177
Hirse
   Hirse-Satéspieße mit Smoky-
      Peanut-Salsa 132
   Hirse-Sushi mit Avocado und
      Gurke 46
   Hirsetaler mit Spinat und Tomaten-
      Orangen-Sauce 64

J

Jalapeño-Nocken mit grüner Salsa 69
Johannisbeer-Tonka-Terrine
   im Crêpemantel 160

K

Kartoffeln
   Auberginen-Piccata mit Kartoffel-
      Zitronen-Stampf 102
   Bärlauchstampf 100
   Garam-Masala-Blumenkohl mit
      Pflaumen-Ingwer-Chutney 106
   Gefüllte Champignons mit
      Kartoffel-Olivenöl-Schaum 72
   Kartoffelspieße 101
   Ofenkartoffeln 100
   Rösti mit Mohnbröseln
      und Portweingrütze 180
   Seitankartoffeln 101
   Spargelcarpaccio mit
      Radieschenvinaigrette 96

Spargel-Kartoffel-Tarte mit
   Frühlingspesto 110
Kichererbsen
   Kichererbsencreme 92
   Sesam-Orangen-Polenta auf
      Kichererbsengemüse 128
   Tomaten-Linsen-Confit mit
      Kichererbsenplätzchen 58
   Warmer Kichererbsensalat mit
      Blumenkohl-Tomaten-Gemüse 63
   Zitronengras-Falafel (Variante) 65
Kleiner Rote-Bete-Topf mit
   Dill-Gremolata 90
Knoblauchscones mit Apfel-
   Kapern-Dip 22
Knödel: Steinpilzknödel
   mit Knusperzwiebeln 120
Kohl
   Glasierter Tofu an
      Cashewschwarzkohl 142
   Pinto-Dal mit Chili-Koriander-
      Rotkraut 138
   Spitzkohl-Papaya-Salat (Tipp) 43
   Wirsing-Quinoa-Päckchen auf
      Blumenkohlcreme 104
Kohlrabitopf mit Kerbelgremolata
   (Variante) 90
Kokoscreme (Tipp) 159
Kräuterseitling-Balsamico-Creme 70
Kumquat-Tiramisu (Variante) 151
Kürbis
   Gewürzpolenta-Ecken mit
      Kürbismayonnaise 66
   Granatapfel-Nuss-Couscous
      mit gebratenen Kürbisspalten 134
   Kürbisflan mit Pistazien 79
   Kürbis-Kokos-Süppchen 93
   Kürbispasta mit Rucola-
      Cranberry-Pesto 122
   Ravioli vom Knollensellerie mit
      Sauce béarnaise 32

L

Lasagne: Minilasagne von
   geräucherten Champignons 30
Linsen
   Lauwarmer Linsensalat mit Äpfeln
      und Salbei-Gremolata 60
   Rote Linsen mit Tomatenseitan 140
   Tomaten-Linsen-Confit mit
      Kichererbsenplätzchen 58

M

Macadamiakrokant, Frozen
   Haferjoghurt mit 165
Maibowlengelee mit frischen
   Beeren 162
Mandeln
   Crostini mit Mandelcreme
      und Trauben 20
   Mandelcrêpes mit Bananen 181
   Mandeleis 168
   Mandelmus 20
   Mandeltomaten 27
Mangold
   Gefüllte Süßkartoffeln mit Mangold
      und Trüffelcreme 99
   Mangold mit Rauchmandeln 108
   Mangold-Polenta-Päckchen 70
   Steinpilzmaultaschen mit Mangold-
      Radicchio-Gemüse 116
Mangos
   Frozen Haferjoghurt mit Mango
      (Variante) 165
   Mango-Gazpacho 85
   Mangosenf 12
   Schoko-Nougat-Mousse mit
      Mangoschaum 152
Maultaschen: Steinpilzmaultaschen
   mit Mangold-Radicchio-Gemüse 116
Mayonnaise, vegane (Tipp) 66
Mediterrane Gemüsetimbale
   mit Basilikumöl 28
Meerrettichreis, Getrüffelte
   Rote-Bete-Röllchen mit 39
Melonen-Koriander-Sorbet
   (Variante) 55
Minilasagne von geräucherten
   Champignons 30
Mohn: Aprikosen-Mohn-
   Schiffchen 178
Mojo, Süßkartoffel-Paprika-Lasagne
   mit Räuchertofu und 76

N

Nüsse: siehe auch Mandeln
   Frozen Haferjoghurt mit
      Macadamiakrokant 165
   Frühlingszwiebel-Pfannküchlein
      mit Rübchen-Erdnuss-Salat 82
   Gebratener Zucchinisalat mit
      Cranberrys und Nüssen 50
   Glasierter Tofu an
      Cashewschwarzkohl 142

Granatapfel-Nuss-Couscous
mit gebratenen Kürbisspalten 134
Gurken-Minz-Sorbet mit gerösteten
Pekannüssen 55
Gurken-Riesling-Shots mit
Cashewcreme 84
Haselnuss-Chili-Topping 12
Haselnuss-Chili-Trüffel 177
Sesam-Himbeertraum mit Cashew-
Vanillecreme 158

O

Ofenkartoffeln 100
Orangen
Hirsetaler mit Spinat und Tomaten-
Orangen-Sauce 64
Sesam-Orangen-Polenta auf
Kichererbsengemüse 128

P

Papaya: Spitzkohl-Papaya-Salat
(Tipp) 43
Paprikaschoten
Champignon-Ceviche 48
Couscouspäckchen mit
Joghurtdip 136
Gelbe Paprikasuppe mit
Schnittlauchnocken 88
Jalapeño-Nocken mit grüner Salsa 69
Paprika-Fenchel-Strudel 114
Süßkartoffel-Paprika-Lasagne mit
Räuchertofu und Mojo 76
Passionsfrucht: Apfelparfait mit
Apfel-Passionsfrucht-Kompott 170
Pasta
Kürbispasta mit Rucola-Cranberry-
Pesto 122
Minilasagne von geräucherten
Champignons 30
Paté-Praline auf Birnen-
Ingwer-Relish 74
Pistazienravioli mit Spargel
und Melisse 124
Pastinakengnocchi auf
Pfifferlingsrahm 118
Paté-Praline auf Birnen-
Ingwer-Relish 74
Pesto
Bärlauchstampf 100
Frühlingspesto 15
Kürbispasta mit Rucola-
Cranberry-Pesto 122

Spargel-Kartoffel-Tarte mit
Frühlingspesto 110
Pfannküchlein, Frühlingszwiebel-
mit Rübchen-Erdnuss-Salat 82
Pfifferlingsrahm, Pastinaken-
gnocchi auf 118
Pfirsiche: Rosmarin-Pfirsiche 159
Pflaumen
Garam-Masala-Blumenkohl mit
Pflaumen-Ingwer-Chutney 106
Pflaumen-Chai-Tarte mit
Kokostopping 174
Pilze
Champignon-Ceviche 48
Gefüllte Champignons mit
Kartoffel-Olivenöl-Schaum 72
Gefüllte Süßkartoffeln mit Mangold
und Trüffelcreme 99
Minilasagne von geräucherten
Champignons 30
Pastinakengnocchi auf
Pfifferlingsrahm 118
Pilzrisotto mit gebrannten
Pinienkernen 126
Spargelcarpaccio mit
Radieschenvinaigrette 96
Steinpilzknödel mit
Knusperzwiebeln 120
Steinpilzmaultaschen mit Mangold-
Radicchio-Gemüse 116
Waldpilzessenz mit
Topinamburklößchen 86
Pinto-Dal mit Chili-Koriander-
Rotkraut 138
Pistazienravioli mit Spargel und
Melisse 124
Polenta
Gewürzpolenta-Ecken mit
Kürbismayonnaise 66
Mangold-Polenta-Päckchen 70
Sesam-Orangen-Polenta auf
Kichererbsengemüse 128
Portweingrütze, Rösti mit
Mohnbröseln und 180
Pralinen
Haselnuss-Chili-Trüffel 177
Weiße Erdbeer-Champagner-
Pralinen 176
Pumpernickel-Cracker mit Apfel-
Birnen-Rosenkohl 78

Q

Quinoa
Quinoa mit Brokkoligemüse
und Curryschaum 131
Wirsing-Quinoa-Päckchen auf
Blumenkohlcreme 104

R

Radicchio
Gebratener Zucchinisalat mit
Cranberrys und Nüssen 50
Glasierter Radicchio 108
Steinpilzmaultaschen mit Mangold-
Radicchio-Gemüse 116
Radieschenvinaigrette,
Spargelcarpaccio mit 96
Raïta 35
Ravioli vom Knollensellerie mit
Sauce béarnaise 32
Ravioli, Pistazien- mit Spargel
und Melisse 124
Reis
Getrüffelte Rote-Bete-Röllchen
mit Meerrettichreisfüllung 39
Pilzrisotto mit gebrannten
Pinienkernen 126
Temaki-Sushi mit »Kaviar« und
Wasabi-Tofu 44
Rhabarberdressing, Blattsalat mit
gebratenem Spargel und 52
Risotto: Pilzrisotto mit gebrannten
Pinienkernen 126
Rosenkohl: Pumpernickel-Cracker
mit Apfel-Birnen-Rosenkohl 78
Rosmarin-Pfirsiche 159
Rösti mit Mohnbröseln und
Portweingrütze 180
Rote Linsen mit Tomatenseitan 140
Rote Bete
Getrüffelte Rote-Bete-Röllchen
mit Meerrettichreisfüllung 39
Kleiner Rote-Bete-Topf
mit Dill-Gremolata 90
Rote-Bete-Ingwer-Eis mit
Schokostückchen 169
Rotkohl: Pinto-Dal mit Chili-
Koriander-Rotkraut 138
Rotweinfeigen 26
Rübchen-Erdnuss-Salat, Frühlings-
zwiebel-Pfannküchlein mit 82

S

Salsas

Hirse-Satéspieße mit Smoky-Peanut-Salsa 132

Jalapeño-Nocken mit grüner Salsa 69

Sauce béarnaise, Ravioli vom Knollensellerie mit 32

Sauerkraut, Süßkartoffel-Schupfnudeln mit orientalischem 112

Schokolade

Espressocreme im Kekskörbchen 150

Rote-Bete-Ingwer-Eis mit Schokostückchen 169

Schokoküchlein 173

Schoko-Nougat-Mousse mit Mangoschaum 152

Schoko-Wasabi-Mousse mit Mirin-Birne 154

Schupfnudeln: Süßkartoffel-Schupfnudeln mit orientalischem Sauerkraut 112

Scones: Knoblauchscones mit Apfel-Kapern-Dip 22

Seitan

Couscouspäckchen mit Joghurtdip 136

Rote Linsen mit Tomatenseitan 140

Seitaninvoltini auf Safranschaum 80

Seitankartoffeln 101

Sellerie: Ravioli vom Knollensellerie mit Sauce béarnaise 32

Sesam-Himbeertraum mit Cashew-Vanillecreme 158

Sesam-Orangen-Polenta auf Kichererbsengemüse 128

Sojamilch: Dulce de Leche 13

Sommerrollen »Vietnam Style« 42

Sorbets: siehe Eis

Spargel

Blattsalat mit gebratenem Spargel und Rhabarberdressing 52

Pistazienravioli mit Spargel und Melisse 124

Spargelcarpaccio mit Radieschenvinaigrette 96

Spargel-Kartoffel-Tarte mit Frühlingspesto 110

Spinat

Gefüllte Champignons mit Kartoffel-Olivenöl-Schaum 72

Hirsetaler mit Spinat und Tomaten-Orangen-Sauce 64

Spitzkohl-Papaya-Salat (Tipp) 43

Steinpilzknödel mit Knusperzwiebeln 120

Steinpilzmaultaschen mit Mangold-Radicchio-Gemüse 116

Strudel: Paprika-Fenchel-Strudel 114

Sushi

Hirse-Sushi mit Avocado und Gurke 46

Temaki-Sushi mit »Kaviar« und Wasabi-Tofu 44

Süßkartoffeln

Gefüllte Süßkartoffeln mit Mangold und Trüffelcreme 99

Kichererbsencreme 92

Süßkartoffel-Paprika-Lasagne mit Räuchertofu und Mojo 76

Süßkartoffel-Schupfnudeln mit orientalischem Sauerkraut 112

T

Tahincreme 13

Tapenade 14

Tartes

Pflaumen-Chai-Tarte mit Kokostopping 174

Spargel-Kartoffel-Tarte mit Frühlingspesto 110

Temaki-Sushi mit »Kaviar« und Wasabi-Tofu 44

Tempeh

Gebratener Tempeh und Gurken-Wakame-Gemüse 144

Gefüllte Avocados 34

Wrap-Bites mit Tempeh und Zitronengrasdip 40

Tiramisu: Kumquat-Tiramisu (Variante) 151

Tofu

Auberginen-Piccata mit Kartoffel-Zitronen-Stampf 102

Glasierter Tofu an Cashewschwarzkohl 142

Kleiner Rote-Bete-Topf mit Dill-Gremolata 90

Pumpernickel-Cracker mit Apfel Birnen-Rosenkohl 78

Seitaninvoltini auf Safranschaum 80

Temaki-Sushi mit »Kaviar« und Wasabi-Tofu 44

Süßkartoffel-Paprika-Lasagne mit Räuchertofu und Mojo 76

Tomaten

Champignon-Ceviche 48

Hirse-Satéspieße mit Smoky-Peanut-Salsa 132

Hirsetaler mit Spinat und Tomaten-Orangen-Sauce 64

Jalapeño-Nocken mit grüner Salsa 69

Kartoffelspieße 101

Mandeltomaten 27

Rote Linsen mit Tomatenseitan 140

Tomaten-Linsen-Confit mit Kichererbsenplätzchen 58

Tonkatomaten 109

Warmer Kichererbsensalat mit Blumenkohl-Tomaten-Gemüse 63

Tonkabohnen

Johannisbeer-Tonka-Terrine im Crêpemantel 160

Tonkasalz 8

Tonkatomaten 109

Topinamburklößchen, Waldpilz-essenz mit 86

Tortillakörbchen (Tipp) 48

Trauben, Crostini mit Mandel-creme und 20

Trüffelcreme, Gefüllte Süßkartoffeln mit Mangold und 99

W

Waldpilzessenz mit Topinambur-klößchen 86

Warmer Kichererbsensalat mit Blumenkohl-Tomaten-Gemüse 63

Weiße Erdbeer-Champagner-Pralinen 176

Wirsing-Quinoa-Päckchen auf Blumenkohlcreme 104

Wrap-Bites mit Tempeh und Zitronengrasdip 40

Z

Zitronengras

Wrap-Bites mit Tempeh und Zitronengrasdip 40

Zitronengras-Falafel (Variante) 65

Zitronengraspaste 14

Zitronenmousse mit Rotweinbirne 156

Zucchini

Couscouspäckchen mit Joghurtdip 136

Gebratener Zucchinisalat mit Cranberrys und Nüssen 50

Mediterrane Gemüsetimbale mit Basilikumöl 28

IMPRESSUM

DIE AUTOREN

Nicole Just ist Wahl-Berlinerin und passionierte Köchin. Seit Anfang 2009 lebt die Enkelin eines Metzgers vegan und berichtet seit 2010 auf ihrem Blog vegan-sein.de über ihre Erfahrungen damit. Seit 2012 ist sie Mitinhaberin des veganen Dinnerclubs Mund|Art|Berlin. Außerdem gibt sie Kochkurse, um den Spaß am veganen Kochen an Interessierte weiterzugeben.

Martin Kintrup hat seine Lust am Kochen, Essen und Genießen zum Beruf gemacht. Als Redakteur und Autor arbeitet er für verschiedene Verlage. Seine Vorliebe für abwechslungsreiche fleischlose Küche hat er in mehreren, zum Teil preisgekrönten Kochbüchern unter Beweis gestellt. In diesem Buch zeigt er, wie vielfältig und genussvoll die vegane Küche sein kann.

DIE FOTOGRAFIN

Mona Binner war schon als Kind von Fotos fasziniert, und somit war der berufliche Weg früh klar. Nach der Ausbildung zur Werbefotografin folgte ein Jahr freie Assistenz in Hannover, Hamburg und London. Hier entdeckte sie die Liebe zur Food-Fotografie. Seit 2007 arbeitet sie erfolgreich für namhafte Kunden, Magazine und Verlage aus dem Food- und Non-Food-Bereich. Ein besonderes Gespür für Licht und Farbe bestimmt die Ästhetik der Aufnahmen und führt zur unverwechselbaren Bildsprache. Noch mehr von ihr unter: www.monabinner.de Unterstützt wurde sie bei diesem Buch von **Kristina Geisel** (Fotoassistenz), **Sarah Trenkle** (Foodstyling) und **Meike Stüber** (Styling), mit denen sie die Rezepte in diesem Buch in Szene gesetzt hat.

Bildnachweis
Seitenhintergrund: shutterstock Images UC; Autorenfoto Nicole Just: René Riis; Autorenfoto Martin Kintrup: Food & Nude Photography; alle anderen: Mona Binner

Syndication: www.jalag-syndication.de

Konzept und Projektleitung: Alessandra Redies

Lektorat: Sabine Schlimm, www.punktkommatext.de

Korrektorat: Waltraud Schmidt

Satz: Knipping Werbung GmbH, Berg am Starnberger See

Innenlayout, Typografie und Umschlaggestaltung:
independent Medien-Design, Horst Moser, München

Herstellung: Susanne Mühldorfer

Repro: Longo AG, Bozen

Druck: Firmengruppe APPL, aprinta druck, Wemding

Bindung: Conzella, Pfarrkirchen

ISBN 978-3-8338-3780-7 — 1. Auflage 2014

© 2014 GRÄFE UND UNZER VERLAG GmbH, München
Alle Rechte vorbehalten. Nachdruck, auch auszugsweise, sowie Verbreitung durch Bild, Funk, Fernsehen und Internet, durch fotomechanische Wiedergabe, Tonträger und Datenverarbeitungssysteme jeder Art nur mit schriftlicher Genehmigung des Verlags.

Umwelthinweis: Dieses Buch ist auf PEFC-zertifiziertem Papier aus nachhaltiger Waldwirtschaft gedruckt.

Die GU-Homepage finden Sie unter www.gu.de

 www.facebook.com/gu.verlag

Liebe Leserin, lieber Leser,
haben wir Ihre Erwartungen erfüllt? Sind Sie mit diesem Buch zufrieden? Haben Sie weitere Fragen zum Thema? Wir freuen uns auf Ihre Rückmeldung, auf Lob, Kritik und Anregungen, damit wir für Sie immer besser werden können.

GRÄFE UND UNZER Verlag
Leserservice
Postfach 86 03 13
81630 München
E-Mail:
leserservice@graefe-und-unzer.de

Telefon: 00800/72 37 33 33*
Telefax: 00800/50 12 05 44*
Mo–Do: 8.00–18.00 Uhr
Fr: 8.00–16.00 Uhr
(* gebührenfrei in D, A, CH)

Ihr GRÄFE UND UNZER Verlag
Der erste Ratgeberverlag – seit 1722.

Ein Unternehmen der
GANSKE VERLAGSGRUPPE

BACKOFENHINWEIS

Die Backzeiten können je nach Herd variieren. Die Temperaturangaben in diesem Buch beziehen sich auf das Backen im Elektroherd mit Ober- und Unterhitze und können bei Gasherden oder Backen mit Umluft abweichen. Details entnehmen Sie bitte der Gebrauchsanweisung für Ihren Herd.